edition suhrkamp 2767

Wir leben in ständig wachsendem Wohlstand und seit über 70 Jahren in demokratischem Frieden. Doch statt Zufriedenheit macht sich bei vielen ein Unbehagen breit. Die Leistungsansprüche der Arbeitswelt kolonialisieren die Freizeit, Klagen über Schlafstörungen und Depressionen sind in allen Gesellschaftsschichten zu hören. Wie kommt es dazu?

In interdisziplinärer Zusammenarbeit untersuchen Gernot und Rebecca Böhme Quellen des Unbehagens in unserer Lebenswelt. Eigentlich müsste sich im Großen etwas ändern, doch darauf kann der Einzelne nicht warten. Gemeinsam schlagen der Philosoph und die Neurowissenschaftlerin Strategien vor, wie wir Stress und Überforderung entgegenwirken können. Ihr ebenso kritischer wie optimistischer Essay postuliert: »Es gibt doch ein richtiges Leben im Falschen.«

Gernot Böhme, geboren 1937, ist Professor em. für Philosophie an der Technischen Universität Darmstadt. In der edition suhrkamp erschien zuletzt *Ästhetischer Kapitalismus* (es 2705).

Rebecca Böhme, geboren 1986, ist Assistenzprofessorin am Zentrum für soziale und affektive Neurowissenschaften der schwedischen Universität Linköping. 2019 erschien ihr Buch *Human Touch. Warum körperliche Nähe so wichtig ist.*

Gernot Böhme/Rebecca Böhme

Über das Unbehagen im Wohlstand

Suhrkamp

Klimaneutral
Druckprodukt
ClimatePartner.com/14438-2110-1001

2. Auflage 2023

Erste Auflage 2021
edition suhrkamp 2767
Originalausgabe

Satz: Satz-Offizin Hümmer GmbH, Waldbüttelbrunn
Druck: C. H. Beck, Nördlingen
Umschlag gestaltet nach einem Konzept von Willy Fleckhaus: Rolf Staudt
Printed in Germany
ISBN 978-3-518-12767-4

www.suhrkamp.de

Inhalt

Vorwort

Nach Corona? Exit?

Dieses Buch ist eine Kritik des Gegenwartsbewusstseins, die unter dem Titel »Unbehagen im Wohlstand« steht. Es unterstellt, dass dieses Bewusstsein vom Gefühl, im Wohlstand zu leben, fundiert ist, wenngleich es gewissermaßen angekränkelt ist, prekär, besorgt oder sagen wir es mit Hegel: »unglücklich«. Wenn wir es als »Unbehagen« qualifizieren müssen, so wird das erst richtig deutlich, wenn man es mit Goethe'schen Texten, also etwa mit den Gesprächen der Bürger während des Osterspazierganges im *Faust* oder mit den nachbarlichen Gesprächen in *Hermann und Dorothea*, vergleicht. Was uns da als bürgerliches Selbstbewusstsein entgegentritt, ist ein sicheres Selbstbewusstsein, die Erfahrung des Wohlstandes als Sicherheit und Situiertheit, als Legitimität eines Wohlstandes, der ererbt und erarbeitet ist und den man nun in Ruhe genießen kann. Nichts von alledem ist vergleichbar mit der psychischen Lage, in der sich unser Wohlstandsbürger, in der wir uns vorfinden: gestresst, besorgt, verunsichert und kein Genuss, der nicht durch schlechtes Gewissen getrübt ist.

Und nun Corona. In einem Zustand, in dem fast alle Selbstverständlichkeiten ausgehebelt sind, würde kaum jemand noch sagen »Uns geht es doch gut«. Nicht nur, dass viele Unternehmen Insolvenz beantragen mussten und viele Menschen arbeitslos geworden sind. Vielmehr sind auch diejenigen, die freigesetzt worden sind durch Streichung aller Termine, durch Kurzarbeit oder Homeoffice in einem Nebel von Ungewissheit gefangen, so dass eine nur einigermaßen sichere Zukunftserwartung, wie sie letztlich zum Gefühl der

Behaglichkeit gehört, nicht zu erwarten ist. Gleichwohl ist die Grundierung des Gegenwartsbewusstseins, nämlich, dass wir im Wohlstand leben, nicht verschwunden; und das ist der Entschiedenheit, mit der Bund und Länder als Krisenmanager auftreten, und dem ihnen antwortenden Zutrauen zu verdanken: Der Staat wird's schon richten. Hier hat die Entschiedenheit staatlichen Handelns ein neues Zutrauen zum Staat geschaffen. Zum »Vater Staat«, auf dessen Fürsorge man sich verlassen kann beziehungsweise die man legitimerweise einfordern kann. Zwar haben staatliche Stellen immer wieder darauf hingewiesen, dass wir dank unserer vernünftigen und sparsamen Politik in den letzten Jahren uns die großzügige Hilfe auch *leisten* könnten. Freilich wird dabei verdeckt, dass viele Maßnahmen der bisherigen radikalen Sparpolitik – schwarze Null – dafür verantwortlich waren, dass ein Behagen im Wohlstand nicht aufkommen konnte, dass die auf Effizienz gerichtete Wohlstands- und Technologiepolitik uns die Lebensumstände als »stählernes Gehäuse« (Max Weber) empfinden ließ.

Und nun steht der Exit an, die schrittweise Rückkehr zur Normalität. Dabei stellt sich die Frage, ob »nach Corona« überhaupt bedeuten kann, dass wir zu Zuständen zurückkehren, die vor Corona normal waren, und vor allem – das ist ja unsere Grundfrage unter dem Stichwort eines »Unbehagens im Wohlstand« –, ob diese Rückkehr überhaupt wünschenswert ist. Die Kritik, die in unserem bisherigen gebrochenen Wohlstandsbewusstsein sich schon anbahnte, muss in einer Zeit, in der sehr viele unserer Lebensgewohnheiten suspendiert sind, explizit werden. Was sagte uns denn das Unbehagen, mit dem wir unsere Situation im Wohlstand wahrnahmen, über dessen Legitimität und Stimmigkeit? Inzwischen haben sich die außerordentlichen Aufwendungen des Staates zur Abwendung oder auch nur Milderung der

Folgen der Pandemie zu einer Politik der Wirtschaftsförderung gewandelt. Natürlich muss man den Ministern, die für Wirtschaftspolitik und Finanzpolitik verantwortlich sind, zugestehen, dass sie tun, was ihres Amtes ist. Und wenn unser Wohlstand auf einer gut funktionierenden Wirtschaft und einer stabilen Finanzlage beruht, so ist natürlich auch in diesem Sinne ein Konjunkturprogramm, mit dem Wirtschaft, aber auch Konsum wieder angekurbelt werden sollen, fast selbstverständlich. Nur darf man nicht vergessen, dass diese Wirtschafts- und Finanzpolitik den Maximen des Kapitalismus folgt. Danach ist eine Wirtschaft nur gut, wenn sie wächst, und das Wachstum wird am Bruttoinlandsprodukt gemessen. Die Borniertheit, die in diesem Denken liegt, werden wir später in diesem Buch analysieren. Hier muss nur festgehalten werden, dass »Rückkehr zur Normalität« nicht verstanden wird als Rückkehr zu einem stabilen Zustand, sondern als Wiederanknüpfen an eine dynamische Entwicklung, die »Wachstum« hieß. Es soll ja keineswegs bloß das Niveau des bisherigen Bruttoinlandsproduktes wieder erreicht werden, sondern eine vorübergehende Krise durch ein verschärftes Wachstum in den nächsten Jahren ausgeglichen werden. Da Deutschland eine Exportnation ist, heißt das ferner, dass die staatliche Konjunkturpolitik darauf zielt, für Deutschland wieder eine »Spitzenstellung« im internationalen Konkurrenzkampf zu erreichen. Das heißt aber, dass die staatlichen Maßnahmen zur Förderung von Wirtschaft und Konsum, die allerdings für die Reparatur der Schäden, durch die unser Wohlstand zurückgegangen war, nötig sind, darüber hinaus jedoch als »Normalität« zugleich auf die Wiederherstellung von Strukturen abzielen, die dafür verantwortlich sind, dass der Wohlstand eben mit Unbehagen wahrgenommen wurde.

Und überhaupt: Was heißt »Exit«? Dieser Ausdruck, der als politisches Schlagwort in unbedachter Weise dem Ausdruck »Brexit« (für den Ausstieg Großbritanniens aus der Europäischen Union) nachgebildet wurde, unterstellt, dass irgendwann einmal – oder gar bald – mit der Corona-Zeit Schluss ist, so wie man einen Raum verlässt und die Tür hinter sich zuschlägt. Vor allem aber implizierte diese Perspektive auf ein definitives baldiges Ende der Pandemie eine tiefliegende – sogar auf die Bibel gestützte – Illusion, nämlich, dass man die Natur beherrschen könne. Im Zusammenhang von Krankheit und Gesundheit implizierte diese Illusion die Hoffnung auf »Ausrottung« bestimmter Erreger oder gar die Abschaffung von Krankheit überhaupt. Dabei fällt die Erfahrung unter den Tisch, dass auch große Erfolge in der Krankheitsbekämpfung – nehmen wir als Beispiel die Tuberkulose (TBC) oder die Malaria – nicht *durchschlagend* waren: Im Falle von TBC und ihrer Bekämpfung durch Antibiotika führte gerade der Erfolg der Bekämpfung zur Entstehung resistenter Bakterienstämme. Im Falle von Malaria, dass einerseits gerade das wirksamste Mittel gegen die Malaria übertragenden Mücken, nämlich DDT, wegen seiner verheerenden Nebenwirkungen verboten werden musste und dass andererseits die Erreichbarkeit von betroffenen Bevölkerungsschichten beschränkt war und ist. Für den Kenner: Beides sind typische Beispiele für die *Dialektik der Aufklärung*.

Ferner wurde der Bevölkerung suggeriert, dass durch Erreichung von Herdenimmunität – nämlich, dass dann, wenn zwei Drittel der Bevölkerung eine Covid-19-Erkrankung hinter sich haben (und das würde für Deutschland bedeuten, mindestens fünfzig Millionen Personen) – die Verbreitung der Erkrankung zum Stillstand kommen werde. Das stimmt zwar, bedeutet aber nur, dass sie von diesem Zeitpunkt an *von selbst* nicht mehr exponentiell wachsen werde – aber das heißt umgekehrt gerade: endemisch geworden ist, also schlicht zum Alltagsrisiko gehören wird. Dieser Zustand –

also mit einer Reproduktionsrate von 1 (auf jeden Geheilten kommt nur eine Neuansteckung) – kann, wie wir gesehen haben, durch massive Schutzmaßnahmen »simuliert« werden, die aber so aufwändig und vor allem kostspielig sind, dass sie nicht auf Dauer durchgehalten werden können. So oder so: Wir müssen lernen, mit Corona zu leben.

Doch wenn die massiven Restriktionen für Wirtschaft, Verkehr und Konsum, also die Maßnahmen, die man unter dem Schlagwort »Shutdown« zusammenfasst, nicht durchgehalten werden können, so gewinnen die Vorschriften für das individuelle Verhalten aller Bevölkerungsteile, also strikte Hygiene, körperlicher Abstand und Schutzmasken, den Charakter von bürgerlichem Wohlverhalten – mit unabsehbaren Folgen für den psychosozialen Bereich.

Was heißt unter diesen Perspektiven »Rückkehr zu Normalität«? Viele sprechen heute unter den genannten Perspektiven vorsichtshalber von einer *neuen* Normalität, und das heißt genau genommen, dass es eben keine Rückkehr ist. Vielmehr würde sogar der Begriff »Normalität« seinen Sinn verändern: Er wird nicht einfach das durchschnittlich Erwartbare bezeichnen, sondern die Erwartung bereits moralisieren. Und sei es auch nur durch Einführung neuer Üblichkeiten. Damit gibt es ja im Zusammenhang der Aids-Pandemie Erfahrungen. Hier wurde mit einigem Erfolg unter dem Schlagwort »Safer Sex« eine neue Üblichkeit in das sexuale Verhalten eingeführt, die nicht mehr nur das traditionelle, schon moralisierte Verhütungsproblem betrifft, sondern bereits die mögliche mit Sexualverkehr verbundene Ansteckung.

Ein weiterer Grund, weshalb die neue Normalität keine Rückkehr zum Bisherigen sein kann, ist zu erwarten, weil eine ganze Reihe von Problemen an die Wirtschaftsförderungsmaßnahmen angehängt wurden, die durch die verdrängende Wahrnehmung der Corona-Krise in den Hintergrund geraten sind: Es handelt sich vor allem um das Thema Klimaschutz, aber eben auch um den sogenannten ökologischen Fußabdruck. Unter der Forderung des Klimaschutzes wurden bei den coronabedingten Wirtschaftsförderungsmaßnahmen nur solche Technologien gefördert und für nur solche Konsumgüter Zuschüsse bewilligt, die zumindest »klimaneutral« sind oder eben sogar den CO_2-Ausstoß verringern. Der Problembereich, der häufig unter dem Stichwort »ökologischer Fußabdruck« zusammengefasst wird, wurde in den öffentlichen Debatten wegen der Anschaulichkeit meist nur als Problem des Plastikmülls genannt. Tatsächlich handelt es sich sogar bei dem Plastikmüll gerade um Mikroplastik, also feinste Teilchen, die man nicht sieht, die aber in allen Umweltmedien inzwischen enthalten sind. Aber eben viel allgemeiner um die Verteilung feinster Partikel – von Antibiotika angefangen bis hin zu Nano-Teilchen –, die für alle möglichen Krankheiten, für Krebs und sich immer weiter ausbreitende Allergien mitverantwortlich sein könnten. Schließlich darf man, wenn es um den ökologischen Fußabdruck geht, nicht das Problem des radioaktiven Abfalls unerwähnt lassen. Diese vorübergehend zumindest verdrängten Hauptprobleme der Menschheitsentwicklung wurden durch die beabsichtigten Maßnahmen der Wirtschaftsförderung quasi im Huckepackverfahren berücksichtigt. Und das ist gut so. Gleichwohl ist zu befürchten, dass diese beschwichtigende Methode hier das Problembewusstsein abschwächt, das schon bisher nicht ausgereicht hat, wirklich durchschlagende Maßnahmen politisch durchzusetzen.

Was haben wir in »Quarantäne« gelernt?

Wir haben uns in unserem Buch auch das Ziel gesetzt, Verhaltensweisen anzuraten, durch die das Unbehagen in gewisser Weise überwunden wird, beziehungsweise Verhaltensweisen, die wie Schleichwege, auch unter den Bedingungen von

Leistungsgesellschaft, Konsumgesellschaft und technische Zivilisation ein »richtiges Leben im falschen« ermöglichen. Adornos Diktum »es gibt kein richtiges Leben im falschen« artikulierte ja eine Resignation gegenüber der Hoffnung, durch individuelle Verhaltensänderung einen Wandel des Ganzen zu bewirken. Diese Resignation könnte auch der Kern des Gefühls sein, mit dem die Wohltaten des Lebens im Wohlstand »genossen« werden: Im Unbehagen meldet sich intuitiv eine Kritik an Verhältnissen, aus deren wohltuender Verstrickung man sich nicht befreien kann oder will. Hier nun könnte die Corona-Krise sich als heilsame Lehre erweisen. Die erzwungene Quarantäne, die, wenn nicht jedermann, doch so ein großer Teil der Bevölkerung erlitten hat, könnte uns gelehrt haben, was uns eigentlich wichtig ist. Beziehungsweise sie könnte sich als ein Verhalten erweisen, das zunächst nur durch Verordnungen erzwungen war, aber wert wäre, auf Dauer gestellt zu werden. Diese beiden Satzhälften scheinen sich zu widersprechen, sie sind aber nur die Pole, zwischen denen unsere Corona-Erfahrungen sich abspielten. Natürlich wäre es schrecklich, wenn das erzwungene Abstandsverhalten zwischen den Menschen auf Dauer gestellt würde, weil die Versagungen in der Corona-Quarantäne uns gerade gelehrt haben, wie wichtig uns leibliche Nähe ist.

Letzteres zeigte sich darin, dass Ereignisse des zivilen Ungehorsams – also Abweichungen vom verordneten Hygieneverhalten – besonders in Bereichen sich ereigneten, in denen es um leibliche Nähe ging. Allerdings auch hier erst, nachdem die Wirkungen der angeordneten Versagungen spürbar oder publik wurden. Zunächst wirkten sich Reste von deutscher Untertanenmentalität aus, nämlich als vorlaufender Gehorsam beziehungsweise Übererfüllung von Normen. Mancherorts wurden die Abstandsregeln auch innerhalb einer Familie eingeführt und die »Empfehlung«, Großeltern zu meiden, wurde als Gebot ausgelegt. In den Kirchen nahm man sang- und klanglos die Versagung von Verhaltensweisen hin, die als *essentials* christlich religiöser Praxis anzusehen sind – von der liturgischen Gemeinschaft der Gottesdienste bis hin zur Eucharistie. Und mancherorts wurde Kranken und Sterbenden die seelsorgerische und persönliche Nähe von Freunden und Verwandten verwehrt, die gerade aufgrund des Infektionsschutzgesetzes als Ausnahmen zugelassen sind.[1] In dieser prekären Situation – das wollen wir hier feststellen – haben wir gelernt, was in Science-Fiction-Romanen von George Orwells *1984* bis zu Dave Eggers' *The Circle* schon zu lesen war, nämlich dass Liebe eine subversive Kraft ist. Und wir haben gelernt, dass leibliche Nähe etwas ist, das wir pflegen müssen, dass sie einer Kultur bedarf angesichts einer Gesellschaft, die »nach Corona« auch weiterhin durch Hygiene und Abstandsregeln bestimmt sein wird.

Die Versagung von Reisen, insbesondere von Fern- und Auslandsreisen, nicht nur durch staatliche Regelungen, sondern auch durch den Zusammenbruch des Systems ziviler Luftfahrt, hat uns – oder sagen wir vorsichtiger: viele von uns – gelehrt, die Region, in der wir leben, kennenzulernen. Es ist schon erstaunlich, wie viele Leute, die sich beruflich und touristisch überall in der Welt tummeln, die Gegend nicht kennen, die sie noch immer Heimat nennen. Manchem wird der längst vergessene Werbespruch eingefallen sein: »Warum in die Ferne schweifen, sieh, das Gute liegt so nah.« Im Zuge der neuen Regionalität hat man nicht nur die Schönheit deutscher Landschaften und Städte wieder schätzen gelernt, sondern auch deren historische Tiefe. Das Interesse an geschichtlicher Tiefe, das bisher touristischen Hot Spots zugeordnet wurde, ließ in der mageren Corona-Zeit schließlich

1 Infektionsschutzgesetz, § 30, Abschnitt 4.

auch die Zeit-Dimension der eigenen Region entdecken. Ganz analog das Verhältnis zu den räumlich nahen anderen Menschen, der Nachbarschaft: Was bisher nur flüchtige Gruß-Beziehungen waren, wurde aufgrund staatlichen Anratens mit einem Male zur vielfach ungewohnten nachbarschaftlichen Solidarität. Wir lernten, in welchem Maße doch Nachbarschaften zu bloßem Nebeneinander verkommen waren und in welchem Ausmaß wir unsere Erwartungen an Solidarität an allgemeine Einrichtungen, von der Caritas über die Versicherungen bis hin zum Staat, delegiert hatten und dabei die Ausbildung nachbarschaftlicher Gemeinschaft versäumten. Es ist wahr, dass diese Delegation von Solidaritätserwartungen sich in der Corona-Zeit noch erheblich verstärkt hat, zumal der Wohlfahrtsstaat diesen Erwartungen auch durchaus entsprochen hat. Umso mehr wurde deutlich, dass wir Gemeinschaften eigens entwickeln und pflegen müssen, das heißt uns um ein Leben nicht bloß unter, sondern auch mit Menschen kümmern müssen.

Die Corona-Krise hat im Bereich von Bildung und Erziehung wie auch im Bereich von Kulturkonsum einen ungeheuren Digitalisierungsschub bewirkt. Die erstaunlich schnelle Substitution von Vorlesungen, Seminaren und schulischem Unterricht, von Museums- und Konzertbesuchen durch digitale Veranstaltungen und Handlungen hatte zunächst den Eindruck erzeugt: Es geht ja auch so. Und einiges davon wird bleiben, weil die digitale Vermittlung von Lernstoffen eine – zumindest partielle – Abhilfe angesichts des fatalen Lehrermangels zu sein scheint und weil angesichts der touristischen Übernutzung von Kulturdenkmälern sich die digitale Kenntnisnahme zu einer bevorzugten Methode kultureller Bildung entwickeln könnte. Doch es regen sich Widerstände: Die digitale Vermittlung schulischer Lehre hat eigentlich nur dort funktioniert, wo neben der technischen Ausrüstung im Hause auch die elterliche Unterstützung wirksam war, also bei den ohnehin sozial und kulturell privilegierten Familien. Aufgrund dieser Tatsache breitet sich in der Lehrerschaft die Einsicht aus, dass schulischer Unterricht nicht nur Informations- und Kompetenzvermittlung ist, sondern den Auftrag hat, soziale Ungleichheiten abzumildern und in der Schülerschaft soziales Verhalten einzuüben.[2] Was die Corona-Zeit hier gelehrt hat, könnte die Einsicht sein, dass gerade Letzteres, also die Verringerung sozialer Ungleichheit und die Einübung sozialer Kompetenzen in der Schülerschaft, das Zentrum schulischer Bildung ausmacht. Daran gemessen wird die Ausbildung von Lehrern, die mehr und mehr zu einer wissenschaftlichen degeneriert ist, im Sinne einer allgemeinen Pädagogik wörtlich verstanden – der Pädagoge ist der Begleiter der Kinder – transformiert werden müssen. Das Pisa-Ranking, das Schule, Lehrer, aber auch Schüler und Schülerinnen unter einen disziplinären Leistungsdruck gesetzt hat, sollte damit obsolet werden. Doch diese Einsichten artikulieren nur das Unbehagen, das von der Schule über die Universität bis in den Wissenschaftsbetrieb durch Benotung, Bewertung und Ranking einen Grauschleier über dieses ganze System, das doch eigentlich der Bildungsfreiheit, dem Wissen-Wollen und der Wahrheitssuche dienen sollte, geworfen hat. Auch hier wird es großer Anstrengungen bedürfen, um das in Corona-Zeiten Gelernte nicht wieder von technikbedingten Trends überspülen zu lassen.

Das gilt in analoger Weise auch für den Bereich, der hier

2 Dass diese Seite schulischer Erziehung in Deutschland weitgehend vernachlässigt wurde, zeigt ein Vergleich mit den Verhältnissen in Japan: Volker Schubert, »Leistungsdruck in der Schule. Vergleichende Beobachtungen zu Japan, Deutschland und den USA«, in: Gernot Böhme (Hg.), *Kritik der Leistungsgesellschaft*, Bielefeld und Basel: Edition Sirius 2010, S. 25-38.

schon in kritischer Weise als »Kulturkonsum« bezeichnet wurde: Was Adorno seinerzeit als Kulturindustrie kritisiert hatte, nämlich Ökonomisierung und Technisierung der Teilnahme des Einzelnen am »kulturellen Kapital«, also den kollektiven Kulturgütern, wurde am Anfang der Corona-Krise freudig als Modernisierungsschub der Kulturvermittlung begrüßt. Gleichzeitig wurde aber der Charakter solcher Kulturvermittlung als eines bloßen Substituts deutlich, dass man nämlich durch die technische Vermittlung eigentlich nicht mit den kulturellen Werken selbst, sondern mit ihren Repräsentanten, genau genommen mit Datensätzen, zu tun hat. Das Unbehagen im Kulturbetrieb, bei dem etwa in überfüllten Museen Besucher mit ihrem Smartphone, das ihnen als Audioguide diente, vor Bildern standen, dieses Unbehagen könnte dazu führen, den Besuch von Konzerten, an Stelle ihrer telekommunikativen Vermittlung, und die Begegnung mit den Kunstwerken selbst wieder neu zu schätzen und zu pflegen. Der Aura-Verlust, den Walter Benjamin in seinem Aufsatz über das *Kunstwerk im Zeitalter seiner technischen Reproduzierbarkeit* konstatiert hat, wurde in Corona-Zeiten auf die Spitze getrieben.[3] Allerdings ist die Digitalisierung der Kunstvermittlung auch eine Demokratisierung, sofern sie eine Teilnahme von jedermann an unseren kulturellen Gütern ermöglicht. Umso mehr wäre dem eine intensive individuelle Bemühung um Originale entgegenzusetzen, um nämlich diese Teilnahme beim Einzelnen in kulturelle Bildung zu verwandeln.

Das Unbehagen im Wohlstand war und ist durch die Erfahrung bestimmt, dass Konsum in der Regel nicht zur Be-

3 Walter Benjamin, *Das Kunstwerk im Zeitalter seiner technischen Reproduzierbarkeit*, in: ders., *Werke und Nachlaß. Kritische Gesamtausgabe*, Bd. 16, Berlin: Suhrkamp 2013.

friedigung führt. Das liegt nicht etwa an Übersättigung, dass man also im Wohlstand lebend mehr hat, als man eigentlich braucht, sondern vielmehr daran, dass ein Großteil der Waren, um nicht zu sagen fast alle, nicht eigentlich ein Bedürfnis befriedigen, sondern darüber hinaus den Appetit anregen. In jedem technischen Gerät, das man erwirbt, ist bereits das Bedürfnis nach der nächsten Version angelegt. Das modische Kleidungsstück ist nur der ephemere Vorgeschmack auf die nächste Mode. Jede Reise in die Ferne legt nahe, den Horizont noch weiter auszudehnen. Jede Tüte Chips macht Appetit auf die nächste. Das hat bei vielen Menschen dazu geführt, dass die Konsumbefriedigung sich vom Glück, etwas zu haben, auf das freudige Erlebnis des Kaufens verschoben hat. Doch die Gründe liegen tiefer, nämlich darin, dass Konsum nicht eigentlich oder nur noch nebenher der Reproduktion des Lebens dient – wie noch Karl Marx glaubte. Heute dient Konsum vor allem der Steigerung des Lebens. Konsum dient der Ausstattung und der Selbstinszenierung des Konsumenten. Dem Unbehagen, mit dem solcherart Konsumverhalten einhergeht, wird auch nicht abgeholfen durch eine Konsumkritik, in der Waren nach Zusammensetzung, Herkunft, Produktionsweisen und Transportwegen akribisch analysiert werden, weil Kritik das Unbehagen noch vermehrt oder gar ein schlechtes Gewissen beim Konsumieren erzeugt. Die vorübergehende Konsumeinschränkung in der Corona-Krise wurde schnell überwunden, indem auch der letzte Datenmuffel die Möglichkeit einer Allround-Versorgung über den Onlinehandel für sich entdeckte. Und doch ist vielen Menschen die Weisheit aufgegangen, die der Philosoph Immanuel Kant am Ende seines Buches über die *Träume eines Geistersehers* formuliert: »Wie viele Dinge gibt es doch, die ich alle nicht brauche!« Wie sehr war uns, die wir im Wohlstand leben, das Bewusstsein davon abhandengekommen, was wir eigentlich wirklich brauchen. Die Besinnung darauf könnte das wichtigste Mittel sein, das Unbehagen in unserem Konsumverhalten zu überwinden.

Das Unbehagen in unserer gut funktionierenden Wohlstandsgesellschaft wurde spürbar nicht nur als Stress- und Leistungsdruck, sondern spezifischer noch durch die dichte Abfolge von Terminen. Dass unser gesellschaftliches Leben so eingerichtet war und ist, wird jedoch vielfach geradezu als Voraussetzung für unseren Wohlstand angesehen. Dieser verlangt, dass alles pünktlich funktioniert und in seinem Ablauf zuverlässig und effektiv eingerichtet ist. Das stählerne Gehäuse, das Max Weber als Charakteristikum unserer Zivilisation benannt hat, besteht wesentlich in der engen Zeittaktung, die kein entspanntes Lebensgefühl, kein Ausschweifen zulässt. Eine Gesellschaft, die ein hoch organisiertes Funktionieren verlangt, die die Möglichkeit langfristigen Planens erfordert, lässt für den einzelnen Menschen keine Zukunft mehr zu. Der Blick auf die Zukunft ist – soll man sagen: »wohlweislich«? – immer schon abgeschnitten. Der Blick reicht jeweils bis zum nächsten Donnerstag oder Montag, innerhalb des Tages bis zu dem Termin, den ich um 16 Uhr habe. Wenn man für den modernen Menschen Entwurf (Martin Heidegger) und Lebensplanung (eine Forderung der Frauenemanzipation) postulierte, so ist das in unserer Leistungs- und Konsumgesellschaft und der zeitlichen Taktung des Zusammenlebens gar nicht möglich. Deshalb brachte die Corona-Pandemie oder, besser gesagt, brachten die staatlich verordneten Gegenmaßnahmen, brachte insbesondere der sogenannte Shutdown für viele Menschen trotz der allgemeinen Bedrohung ein Aufatmen – nämlich durch die Freiheit von Terminen. Freilich, da ist zugleich die Einsicht, dass das Leben in der Terminzeit keineswegs bloß einer wirtschaftlichen und verkehrten politischen Strategie entsprang, sondern sich ebenso sehr einer Bereitschaft der Teilnehmer am gesellschaftlichen Leben zur Terminierung ebendieses Lebens verdankt.

Es wird häufig von einem Gegensatz der Werte Freiheit und Sicherheit gesprochen. Gewiss ist das Leben nach Terminen eine Einschränkung von Freiheit, eine Beengung des Lebensgefühls und eine Dämpfung kreativer Impulse. Doch hat nicht schon Kierkegaard von einer »Angst vor der Freiheit« gesprochen? Wird das Wegbrechen von Terminen wirklich von jedermann als Befreiung erfahren? Nicht viel mehr als eine Verunsicherung, gar als Langeweile? Die Restriktionen, die dem gesellschaftlichen Leben zur Eindämmung der Corona-Pandemie auferlegt wurden, haben vielfach zu Protesten geführt, vom sozialen Ungehorsam im Kleinen bis zu Demonstrationen und einer Parteigründung (Widerstand 2020 – die sich jedoch innerhalb kurzer Zeit wieder auflöste). Doch ging es dabei mehr um Widerstand als solchen. Kann man mit Freiheit wirklich etwas anfangen, ist es einem nicht viel wichtiger, dass man weiß, was man zu erwarten hat?

Freiheit ist ein Grundwert unseres Zusammenlebens. Doch eine Kultur der Freiheit ist nicht ausgebildet worden. Stattdessen ist unser Zusammenleben eher darauf angelegt, dass es in erwartbaren Bahnen verläuft und einem möglichst »nichts geschieht«. Daher die ungeheure Anzahl von Versicherungen in unserer Gesellschaft – in Deutschland hat jeder Bürger durchschnittlich fünf Versicherungen. Das Verschließen der Zukunft durch Termine gehört auch hierher: Es entspringt der Angst vor der Freiheit.

Dagegen hatte das Wegbrechen von Terminen, das von vielen als ein Aufatmen empfunden wurde, die Zukunft zumindest zwischenzeitlich wieder geöffnet (für viele war es mit der Öffnung durch die Verlagerung von Meetings in den Onlinebereich wieder vorbei). Wenn in den medialen Diskussionen darüber, was uns Corona gelehrt hat, die Vulnerabilität des Menschen als Einsicht genannt wurde, so ist das recht erstaunlich. Als ob uns erst vom Bundestagspräsidenten gesagt werden müsste, dass wir sterblich sind. Viel tiefer liegt die Einsicht, dass das menschliche Leben, das Leben jedes Einzelnen, ein Prozess mit offenem Ausgang ist. Diese Einsicht wurde durch das Zeitregime der Terminzeit und durch alle möglichen Versicherungsstrategien und Möglichkeiten der Planbarkeit des Lebens verdeckt. Wurde deshalb unser wohl organisiertes Leben als Beengung erfahren und die Öffnung der Zeit ins Unbestimmte als Befreiung? Doch: Um in den sich abzeichnenden Möglichkeiten zu leben, bedarf es einer Kultur der Freiheit.

Also, eine einfache Rückkehr zur Normalität wird es nicht geben. Doch die These dieses Buches ist, dass es sie auch gar nicht geben *soll*, weil, was sich bisher als normal gerierte, keineswegs wünschenswert ist. Diese Kritik des Bisherigen deutete sich, wie wir zeigen wollen, bereits in der paradoxen Mentalität eines Unbehagens im Wohlstand an. Die Frage, wie es »nach Corona« weitergehen soll, zwingt uns dazu, das Unbehagen in eine explizite Kritik des Bisherigen zu transformieren.

I.
Das Unbehagen im Wohlstand

»Wenn ich durch das, was früher Straßen waren, jetzt zu Ihnen komme und unterwegs die bösartigen, verkniffenen und dabei leeren Gesichter, diese hässlichen Gesichter sehe, denke ich immer: verwandtschaftlich gesehen traurig, aber innerhalb der geschichtlichen Welt wie folgerichtig und wahr!«

Diese Zeilen stammen von Gottfried Benn und geben Eindrücke aus dem Berlin der Jahre nach 1945 wieder. Die Straßen haben längst wieder Form angenommen. Doch haben sich die Gesichter, die uns begegnen, aufgehellt? Die Bundesrepublik im Boom des Wiederaufbaus, dann Wirtschaftswunderland, und heute Deutschland in einer weltweit bewunderten Phase der Prosperität: Lebt es sich hier nicht besser als anderswo, sind die Menschen hier glücklicher als anderswo?

Wenn man sich umsieht, in diese Gesichter blickt, wenn man bei Freunden, Verwandten, Arbeitskollegen sich umhört: überall Klagen. Stress, Terminprobleme, auch wenn es nur um ein gemeinsames Abendessen geht, Erschöpfung am Rande des Burn-outs. Ist das Gejammer? Wer wird schon zugeben, dass es ihm gut geht? Einerseits belegt Deutschland bei weltweiten Umfragen zu Glück und Wohlergehen regelmäßig vordere Plätze, andererseits erreichen uns Nachrichten von steigenden Depressions- und Burn-out-Raten und von zunehmendem Arbeitsausfall aufgrund psychischer Erkrankungen. Wie diese gegensätzlichen Fakten zusammenpassen, darauf gehen wir später noch ausführlich ein.

Direkt gefragt: »Wie geht's dir?«, antwortet jeder: »Gut.« Doch das klingt eher wie: »Frag lieber nicht weiter.« Denn dann müsste man sich Klagen bezüglich der aktuellen Befindlichkeit anhören, nicht nur Krankheits- und Arztprobleme – auch das –, sondern: Schlafstörungen, Rückenschmerzen, Allergien, Depression, Probleme mit Übergewicht. Ferner Unsicherheiten im Beruf, Stress, Termin- und Zeitdruck, die tägliche, die wöchentliche, die stündliche To-do-Liste.

Der Philosoph Martin Heidegger hat als Grundstimmung des menschlichen Daseins die Sorge ausgemacht – in seinem Buch *Sein und Zeit* aus dem Jahre 1927. Das trifft wohl auch heute noch zu: Sorge als Grundbefindlichkeit des menschlichen Daseins – jedenfalls des unsrigen. Doch hier – im Wohlstand?

Ein geflügeltes Wort, das man dem Philosophen Friedrich Nietzsche zuschreibt, lautet: »Die Christen müssten erlöster aussehen« – weil sie doch an eine Erlösung glauben, auf sie fest vertrauen.[1] Es müsste ihnen also eigentlich besser gehen. Den Satz könnte man analog auf unsere Zeitgenossen in der Wohlstandsgesellschaft anwenden. Uns geht es doch gut, denkt man, was haben denn die Leute? Sind das wohlmöglich nur subjektive Eindrücke, nach denen man das Befinden seiner Mitmenschen einschätzt, täuschen sie sich gar selbst über ihren Zustand? Sind die »verkniffenen und dabei leeren Gesichter« Zeugnis ihrer prekären Lage in beziehungsweise am Rande der Wohlstandsgesellschaft?

Es lohnt sich, die objektiven Kriterien anzusehen, nach denen unsere Gesellschaft als Wohlstandsgesellschaft eingestuft wird. Gemeint ist vor allem das Bruttoinlandsprodukt (BIP). Es misst die Produktion von Waren und Dienstleis-

1 Siehe Friedrich Nietzsche, *Also sprach Zarathustra*, in: ders., *Kritische Studienausgabe*, Bd. 4, Kapitel 37. Dort schreibt Nietzsche: »Bessere Lieder müßten sie mir singen, daß ich an ihren Erlöser glauben lerne: erlöster müssten mir seine Jünger aussehen!«

tungen im Inland nach Abzug aller Vorleistungen. Schon an der Definition sieht man, dass diese Größe zunächst einmal gar nichts mit dem Wohlergehen der Bevölkerung zu tun haben muss. Warum sollte es uns besser gehen, wenn wir mehr leisten?

Gleichwohl ist es diese Größe, an der sich die Wirtschaftspolitik orientiert. Die Schlussfolgerung verläuft meistens über die Zahl der Arbeitsplätze: Wirtschaftswachstum erzeugt Arbeitsplätze – und wenn man Arbeit hat, geht es einem gut. An dieser Schlussfolgerung haben wir erhebliche Zweifel. Und auch hier lohnt es sich, Gottfried Benn zu zitieren: »dumm sein und Arbeit haben: das ist das Glück.«[2]

Zweifel daran, dass das BIP eine Aussage über das Wohlergehen einer Bevölkerung zulässt, haben schon vor geraumer Zeit dazu geführt, dass man andere Kenngrößen zur Bestimmung des Wohlergehens konstruiert hat, zum Beispiel den Genuine Progress Indicator (GPI; zu Deutsch: Indikator echten Fortschritts).[3] Dieser Indikator umfasst außer den Größen, die das BIP bemisst, weitere Größen wie »Verlust von Freizeit, Einkommensverteilung, Kosten eines Familienzusammenbruchs, Arbeitslosigkeit und andere negative Ereignisse wie Kriminalität, Verschmutzung, Erschöpfung natürlicher Ressourcen, Verlust von Böden, Wäldern und Ozon sowie langfristige Schäden wie Klimawandel«.[4]

Das BIP hängt dabei nun keineswegs – wie die Wirtschaftspolitik unterstellt – eindeutig mit dem GPI, mit dem

2 Gottfried Benn, »Eure Etüden«, in: ders., *Sämtliche Werke*, Bd. 1, Stuttgart: Klett-Cotta 1986, S. 292, Vers 7-8.

3 Ernst Ulrich von Weizsäcker, Anders Wijkman et al., *Wir sind dran. Was wir ändern müssen, wenn wir bleiben wollen*, Gütersloh: Gütersloher Verlagshaus 2017, 2. Aufl.

4 Ebd., S. 329.

das Wohlergehen einer Bevölkerung ermittelt werden soll, zusammen. In einer Studie von 17 Ländern (darunter Deutschland), die immerhin 53 Prozent der Weltbevölkerung umfassen, konnte gezeigt werden, dass ab etwa dem Jahr 1978 das Wohlergehen nach GPI stagniert oder gar abnimmt, obgleich das BIP für diese Länder im selben Zeitraum erheblich gewachsen ist.[5]

Eine weitere Kenngröße, die man heranziehen kann, um das Wohlergehen der Menschen, die in einem Wohlstandsstaat leben, zu quantifizieren, ist die Lebenserwartung. Dabei handelt es sich um ein sehr grobes Maß, aber eben doch um eine Annäherung an das tatsächliche Wohlergehen, denn die Lebenserwartung hängt von psychischer und physiologischer Gesundheit ab. Es ist weithin bekannt, dass die Lebenserwartung in den Industrienationen beständig zunimmt. Allerdings gab es vor einiger Zeit die aufsehenerregende Beobachtung, dass die Lebenserwartung in den USA über mehrere Jahre hinweg abgenommen hatte.[6] Unter den häufigsten Todesursachen: Herz-Kreislauf-Erkrankungen, Krebs, Alzheimer, Diabetes und Suizid. Die genannten Erkrankungen werden häufig auch als Zivilisationskrankheiten bezeichnet – Erkrankungen, die mit unserem Lebensstil zusammenhän-

5 Ida Kubiszewski, Robert Costanza, Carol Franco, Philip Lawn, John Talberth, Tim Jackson und Camille Aylmer, »Beyond GDP: Measuring and Achieving Global Genuine Progress«, in: *Ecological Economics* 93 (2013), S. 57-68. Zitiert nach Weizsäcker et al., *Wir sind dran*, S. 324.

6 Siehe die Statistiken auf der Website der US-amerikanischen Gesundheitsbehörde Centers for Disease Control and Prevention: {https://www.cdc.gov/nchs/nvss/deaths.htm} (alle Internetquellen Stand Januar 2021); siehe zudem Steven H. Woold und Heidi Schoomaker, »Life Expectancy and Mortality Rates in the United States, 1959-2017«, in: *Journal of the American Medical Association* 322/20 (2019), S. 1996-2016.

gen. Dass Suizid über Jahre hinweg eine der häufigeren Todesursachen ist, legt die Schlussfolgerung nahe, dass es den Menschen psychisch nicht gut geht. Man kann argumentieren, dass die Lage in Deutschland anders sei, und das ist sie in Bezug auf das Krankenversicherungssystem und den Zugang zu verschreibungspflichtigen Medikamenten und Waffen auch. Tatsächlich zeigt sich in Deutschland auch noch keine Abnahme der Lebenserwartung – jedoch gibt es Zeichen zur Beunruhigung diesbezüglich: Die Lebenserwartung hängt stark von der sozioökonomischen Lage ab (mit ganzen acht Jahren Unterschied zwischen der sozioökomisch stärksten und schwächsten Gruppe bei Männern)[7] – und die verschlechtert sich, zumindest für große Teile der Gesellschaft. Auch in Deutschland gehören die Zivilisationserkrankungen zu den häufigsten Todesursachen – und psychische Belastungen, die zu Burn-outs, Angststörungen, Suchtmittelkonsum oder Depression führen, sind weit verbreitet.[8] Auf weitere Untersuchungen zum Thema »Glück« gehen wir noch ein. Hier geht es zunächst einmal darum, anhand grober Maße wie dem BIP aufzuzeigen, dass Wohlstand nicht zwangsläufig Wohlergehen bedeutet.

Doch was ist eigentlich Unbehagen?

Wir gehen also davon aus, dass das Unbehagen im Wohlstand keineswegs bloß eine abwertende, gar undankbare Haltung gegenüber Wirtschaft und Politik ist, sondern eine in-

7 Thomas Lampert, Jens Hoebel und Lars E. Kroll, »Social Differences in Mortality and Life Expectancy in Germany. Current Situation and Trends«, in: *Journal of Health Monitoring* 4/1 (2019), S. 3-13.

8 »Studie zur Gesundheit Erwachsener in Deutschland« des Robert Koch-Instituts von 2013, Erhebungszeitraum 2008-2011. Die Ergebnisse der Studie sind auf der Website des Robert Koch-Instituts verfügbar: {https://www.rki.de/DE/Content/Gesundheitsmonitoring/Studien/Degs/degs_w1/degs_w1_node.html}.

tuitive Reaktion auf objektive, das heißt messbare Mängel unserer Lebenslage. Wir spielen mit dem Titel des vorliegenden Buches auf Sigmund Freuds 1930 erschienene Arbeit über *Das Unbehagen in der Kultur* an.[9] Er geht dort der Vermutung nach, dass der Mensch sich unbehaglich fühlt – gar neurotisch wird –, »weil er das Maß an Versagung nicht ertragen kann, das ihm die Gesellschaft im Dienste ihrer kulturellen Ideale auferlegt«.[10] Das ist zwar nicht unser Thema, doch es gibt Analogien: Auch bei Freud geht es darum, dass sich der Mensch bei gewissen gesellschaftlichen Segnungen nicht wohlfühlt, obgleich er sie anerkennt und gern von ihnen Gebrauch macht. Bei Freud geht es um die zivilisatorische Sicherheit, die mit Triebverzicht bezahlt wird; bei uns um das ökonomische Wohlergehen (*welfare*), das nicht mit Wohlbefinden (*well-being*) einhergeht: Uns geht es gut, doch wir fühlen uns nicht gut.

Der Ausdruck »Un-Behagen« transportiert erstaunlicherweise bereits die Mehrdeutigkeit beziehungsweise die etwas unangenehme Ambivalenz, die wir dadurch eigens hervorheben, dass wir Befindlichkeit und objektive Lage je für sich thematisieren. Denn Unbehagen ist nicht der ausschließende Gegensatz zu Behagen, Unbehagen ist ja nicht Schmerz oder Leid. Unbehagen ist misslingendes, immer wieder missglückendes Behagen. Eigentlich sollte es uns angesichts unserer objektiven Lage gut gehen, doch es gelingt uns nicht. Unbehagen ist ein gestörtes, ein zweifelndes, ein schuldbewusstes, ein angestrengtes Behagen – also zwar Behagen, während »weit, in der Türkei, / Die Völker aufeinander schla-

9 Sigmund Freud, *Das Unbehagen in der Kultur*, in: ders., *Gesammelte Werke*, Bd. 14, Frankfurt/M.: S. Fischer 1976, 5. Aufl.
10 Ebd., S. 446.

gen«.[11] Unsere Grundbedürfnisse können mühelos befriedigt werden. Doch die Lebensmittel haben einen bitteren Beigeschmack, die soziale Lage der meisten unserer Mitbürger ist prekär – und ist die Türkei nicht ein Nato-Staat?

Von außen betrachtet mag Deutschland wie ein Paradies erscheinen. Doch wie lebt es sich in diesem Paradies? Wie kommt das Unbehagen in diesem Paradies zustande? Und letztlich, was kann der oder die Einzelne dafür tun, dass es ihm oder ihr besser geht? Das sind die Fragen, denen wir in diesem Buch nachgehen möchten.

Wir beginnen mit einer kritischen Analyse der gegenwärtigen deutschen Gesellschaft. Dabei stellen wir keinen Anspruch auf Vollständigkeit. Globalisierung, Klimakatastrophe, Massentierhaltung, soziale Ungerechtigkeit, Terrorismus, globale Flüchtlingsbewegungen und Übernutzung natürlicher Ressourcen, all diese Probleme können hier unmöglich erschöpfend diskutiert werden – dies überlassen wir den entsprechenden Experten. Doch schwingen sie eben in unserer Analyse immer im Hintergrund mit, denn sie tragen zum Unbehagen bei, das sich unserem Wohlergehen beimischt. Die Komplexität dieser Problematiken – und die relative Kürze des menschlichen Lebens – führt uns zu dem Schluss, dass der Einzelne nicht eine Veränderung des Großen und Ganzen abwarten kann. Dass man sich vom Unbehagen gänzlich befreien kann, bezweifeln wir. Und dies sollte auch nicht das Ziel sein, denn das Unbehagen setzt Energien für Veränderungen frei. Auch sind wir alle Teil der Gesellschaft und des Systems, wir können uns diesem gar nicht völlig entziehen. Das bedeutet: Wir alle, wir, die Autoren, mit inbegriffen, spüren die Impulse zum Konsum, zur Leistungssteigerung, zum

11 Johann Wolfgang Goethe, *Faust I*, Frankfurt/M.: Deutscher Klassiker Verlag 2005, S. 50.

Sich-in-Szene-Setzen und können ihnen schwerlich entkommen. Wir wollen Denkanstöße zur Reflexion über unsere Gegenwart geben und darauf aufbauend Ideen und Ansätze dafür entwickeln, was der oder die Einzelne für sein oder ihr Behagen tun kann.

II.
Es gibt doch ein richtiges Leben im falschen

»Es gibt kein richtiges Leben im falschen«, schreibt Theodor W. Adorno in seinem Buch *Minima Moralia*. Das Zitat steht am Ende eines Gedankenganges über die Unmöglichkeit, in der Moderne heimisch zu werden. Von diesem Hintergrund gelöst, ist es zu einem Schlagwort der protestierenden Studenten von 1968 geworden. Mit ihm brachten sie ihre Verzweiflung über die Erfahrung zum Ausdruck, dass sie den »Block«, das »System«, die kapitalistische Gesellschaft nicht ändern konnten, was auch immer sie versuchen würden. Für sie war ein humanes Leben nur möglich, wenn das »Ganze« geändert würde. Wenn wir unser Buch unter einen Satz stellen, der trotzig das Gegenteil des Adorno'schen behauptet, so drücken wir damit unseren Optimismus aus, gleichzeitig jedoch auch die Resignation darüber, dass das »Ganze« gegenwärtig nicht zu ändern ist.

Dabei soll die tiefere Wahrheit des Adorno'schen Satzes nicht geleugnet werden: Die Rahmenbedingungen unserer Gesellschaft bestimmen unser privates und alltägliches Leben, und ein anderes, ein humaneres Leben wird ohne explizite Reflexion und Anstrengung nicht möglich sein. Der Grund liegt darin, dass diese Rahmenbedingungen tief in unsere privaten Räume, die Üblichkeiten und unseren Lebensvollzug eingedrungen sind – wir haben sie gewissermaßen »internalisiert«. Wir können einige dieser Rahmenbedingungen besser verstehen, wenn wir die Struktur unserer Gesellschaft genauer betrachten. Für den Anfang schlagen wir folgende drei Charakterisierungen vor: Unsere Gesellschaft ist eine technische Zivilisation, eine Leistungsgesellschaft und schließlich eine Konsumgesellschaft.

Die technische Zivilisation haben wir internalisiert, insofern wir uns selbst technisch verstehen: unser Gehirn als Rechner mit Speicher- und Arbeitskapazitäten, unseren Körper als Instrument zur Ausführung bestimmter Funktionen, Wissen als Information, Bildung als die Kompetenz, Informationen zu verarbeiten und zu nutzen. Unser Weltbezug ist fast ausschließlich technisch vermittelt. Ein Beispiel dafür ist das Smartphone: als Anschluss an die Netzgesellschaft, als Mittel, über soziale Medien an dem teilzunehmen, »was so läuft«, oder für die räumliche Orientierung dank GPS. Dadurch dass andere Weisen des Weltbezuges und der Orientierung verlernt werden beziehungsweise überhaupt gar nicht erst ausgebildet werden, erscheint der technisch vermittelte Weltbezug als »natürlich«, die technisch repräsentierte Wirklichkeit wird neue Realität.

Wir müssen unsere Gesellschaft als »Leistungsgesellschaft« bezeichnen, wie dies schon der Philosoph Herbert Marcuse getan hat. Das heißt: Das Leistungsprinzip, das seinen Ursprung im Bereich des Sports und der Akkordarbeit hat, durchdringt heute alle Lebensbereiche. Lebensvollzüge werden fast ausschließlich vom Ergebnis, auf das sie hinauslaufen, beurteilt, und dieses Ergebnis wird häufig in Relation zu der dafür aufgewendeten Zeit gesehen. So wird der Spaziergang zum Nordic Walking oder gar zu der von den Versicherungen prämierten »salutogenetischen«, also gesundheitsfördernden Leistung. Kinder aufziehen wird zur Erziehungsarbeit. Auch der Urlaub gerät zur Leistung, mit der man ein bestimmtes Programm abarbeitet: Bestimmte Sehenswürdigkeiten müssen besichtigt und am besten in Form eines Selfies fotografiert werden. Die Internalisierung des Leistungsprinzips besteht darin, dass man sich im Lebensvollzug nicht mehr aufhält, ihn vielmehr im Blick auf ein Resultat absolviert. Freizeit als Leistung, Sex als Leistung, Kultur als Leistung.

Schließlich, drittens, lässt sich unsere Gesellschaft als Konsumgesellschaft charakterisieren. Konsum könnte ja einfach nur die Befriedigung elementarer Bedürfnisse oder auch der erweiterten Bedürfnisse sein. Doch in unserer Gesellschaft wird die Teilnahme am gesellschaftlichen Leben immer weniger durch Arbeit und immer mehr durch Konsum definiert. Dabei heißt zu »konsumieren« bei Weitem nicht mehr nur zu »verbrauchen«, es heißt vielmehr »sich auszustatten«; und häufig besteht Konsum in Form des Shoppings im Akt des Kaufens selbst. Dieses Konsumverhalten ist eine notwendige Voraussetzung für das Funktionieren unserer Wirtschaft, nämlich des wachstumsorientierten Kapitalismus. Inzwischen sind diese äußeren Lebensbedingungen tief in das menschliche Selbstverständnis und die »natürlichen« Lebensvollzüge eingedrungen: Glück durch Konsum, Zufriedenheit durch Konsum, ja sogar Selbstverwirklichung und die Realisierung von Individualität durch Konsum. Lebenserfüllung durch Konsum scheint selbstverständlich – wie sollte es auch anders sein?

Die Kritik des Großen und Ganzen als technische Zivilisation, als Leistungsgesellschaft, als Konsumgesellschaft können wir hier nicht erbringen, allenfalls indirekt durch den Aufweis: Es geht auch anders. Indes sind umfassende alternative Lebenskonzepte, Gesellschafts- oder Wirtschaftsformen bisher gescheitert, sie gelten heute als nicht realisierbare Utopien.

Die Überwindung des Kapitalismus durch den Sozialismus endete in einer repressiven Bürokratie. Anders als erhofft, setzte die Verfügung über die Produktionsmittel der Ausbeutung und der Entfremdung kein Ende, sondern geriet zum Staatskapitalismus und verstärkte beides sogar noch. Die Abschaffung des Geldes oder zumindest die Ächtung von Zins und Zinseszins erwies sich als undurchführbar, weil jede ausgedehnte Produktion nicht wie beim Handwerk mit Eigenkapital durchgeführt werden kann, sondern auf Fremdkapital angewiesen ist – also letztendlich auf eine funktionierende Kreditwirtschaft. Schließlich ist die attraktive Idee eines bedingungslosen Grundeinkommens gerade heute in einer wesentlich durch Migration bestimmten Gesellschaft nur schwer durchführbar, weil sie nämlich eine geschlossene Gesellschaft voraussetzt. Wie immer es jedoch mit den großen Ideen und der Veränderung der Gesellschaften im Ganzen steht: Der Einzelne kann sie nicht abwarten, dafür ist das Leben zu kurz.

Daher unsere Grundfrage: Wie kann der einzelne Mensch sein Leben so einrichten, dass er von den gesellschaftlichen Zwängen ein Stück weit unabhängig wird und ein nicht eindimensionales, sondern ein humaneres Leben führt? Uns beschäftigt dabei nicht das Problem von Armut und Ungerechtigkeit, das ja immer wieder zu revolutionären Ideen führte, sondern vielmehr das Paradox des »Unbehagens im Wohlstand«: Trotz der Erfüllung der Grundbedürfnisse und eines – im Weltmaßstab gesehen – hohen Lebensstandards sind zahlreiche Menschen in unserer Gesellschaft unzufrieden. Deshalb wollen wir in diesem Buch nicht bloß Missstände aufzeigen, sondern auch Wege aufweisen, wie »ein richtiges Leben im falschen« zu führen ist.

III.
Mehr machen, mehr haben, mehr sein – mehr Unbehagen?

1. Grenzenlos leisten

Warum arbeiten wir so viel?

Wenn es um das merkwürdige Phänomen geht, dass in unserer Wohlstandsgesellschaft die Grundstimmung nicht etwa Glück, sondern Unbehagen ist, lautet die nächstliegende Erklärung: Stress. Jeder ist immer irgendwie im Stress. Nun könnte man ja sagen, dass Stress und Wohlstand notwendig zusammengehören, wenn nämlich ein leistungsorientiertes, sorgfältiges, zeitlich getaktetes Verhalten als Grundvoraussetzung für diesen unseren Wohlstand gilt: Die Deutschen sind fleißig, zuverlässig, genau, pünktlich. Niemand will unbeschäftigt sein, die Hände in den Schoß legen. Für den Deutschen gilt noch immer die alte bürgerliche Tugend der Industriosität. Ja, wenn Stress nur im Zusammenhang von Arbeit und allenfalls noch Straßenverkehr aufträte, dann könnte man eine einfache Gleichung aufmachen: Wenn man Wohlstand will, dann muss man eben viel arbeiten, pünktlich und genau sein.

Doch das erklärt nicht, warum Stress eigentlich allgegenwärtig ist und unser ganzes Leben durchzieht, eben nicht nur bei der Arbeit und im Straßenverkehr. Vielmehr sind ja auch die Bereiche betroffen, die traditionell der Muße zugerechnet wurden. »Scole«, das Ursprungswort für Schule, bedeutet »Muße«. Doch der Bildungssektor, ja sogar die Freizeit und der Urlaub sind in unseren Tagen »stressig«. Das

Leistungsprinzip, das ursprünglich seinen Sitz im Bereich der Erwerbsarbeit hatte, ist von dort her längst in den Bildungsbereich vorgedrungen, eben weil die Aussichten, gute Positionen im Erwerbsleben zu erreichen, von Abschlüssen und Noten, also den Leistungsnachweisen der Schule und später der Universität abhängen. Und diese Leistungsnachweise sind über ein System von Noten und Notendurchschnitt, von Punkten und Credits längst von den besonderen Begabungen und Neigungen der Schüler und der Studenten abgekoppelt. Noten geben kaum ein Bild der Möglichkeiten der Schüler oder gar ihrer Kreativität, sondern dokumentieren, was sie faktisch in standardisierten Tests erreicht haben. Das System der Leistung beginnt inzwischen, von der Universität über die Schule auch die Grundschule und von dort auch den Kindergarten zu erreichen. Was uns da noch bevorsteht, zeigen die Beispiele Japan und Südkorea: Der berufliche Werdegang eines Kindes hängt bereits davon ab, in welchem Kindergarten es war. Bereits Bildung ist Stress.

Die Überflussgesellschaft

Arbeiten wir so viel, weil dies wirklich notwendig ist, um genügend zu produzieren, um die elementaren Bedürfnisse aller zu decken? Dass in unserer Gesellschaft der Achtstundentag überhaupt noch notwendig ist, ist nicht selbstverständlich. Herbert Marcuse hat in den fünfziger Jahren in seinem Buch *Triebstruktur und Gesellschaft* die US-amerikanische Gesellschaft als Überflussgesellschaft charakterisiert.[1] Damit meinte er keineswegs eine Gesellschaft, in der die Produktion

1 Herbert Marcuse, *Triebstruktur und Gesellschaft*, Frankfurt/M.: Suhrkamp 1978.

hauptsächlich Luxusgüter hervorbringt und Konsum in erster Linie verfeinert und exzentrisch ist wie etwa in der höfischen Gesellschaft des Barock. Vielmehr zielte er darauf ab, dass in den USA die Entwicklung der Arbeitsproduktivität in einem solchen Maße gesteigert worden war, dass die elementaren Bedürfnisse der gesamten Bevölkerung des Landes leicht zu befriedigen gewesen wären. Dass sie auch in diesem Stadium faktisch nicht befriedigt wurden, lag natürlich an der – bis heute bestehenden – Kluft zwischen Arm und Reich. Doch im Prinzip wäre es möglich gewesen, und auch heute, beim gegenwärtigen technischen Stand der Produktion, ist es möglich, mit wenig Arbeit die Elementarbedürfnisse aller zu befriedigen.

Mit wenig Arbeit: Das war für Marcuse der entscheidende Punkt. Er glaubte, dass es nicht mehr nötig sei, das Leben arbeitend zu verbringen. In der Tradition des Marxismus bedeutet das, dass mit der Überflussgesellschaft das Reich der Notwendigkeit verlassen wird und man ins Reich der Freiheit eintreten kann. Tatsächlich haben viele der Anhänger von Marcuse auch damals so gedacht. Die Hippie-Bewegung der folgenden Jahrzehnte ist von seinen Ideen inspiriert worden. Er selbst war dagegen sehr viel skeptischer; *Triebstruktur und Gesellschaft* ist weniger als ein Buch der Hoffnung, es ist vielmehr als eine Kritik an den damaligen Zuständen zu verstehen.

Man könnte, schrieb Marcuse, eigentlich ins Reich der Freiheit eintreten und – weitgehend von notwendiger Arbeit entlastet – sein Leben genießen, das heißt in Muße und mit der Befriedigung der eigenen Wünsche und Triebe verbringen. Doch das geschah nicht, und das geschieht nicht. Das System, die herrschenden Kreise lassen das nicht zu. Auch Marcuse dachte in diesen Kategorien: Die Gesellschaft sei als Klassen- oder als Schichtengesellschaft strukturiert durch

Herrschaftsverhältnisse. Und diese würden aufrechterhalten durch den Zwang zur Arbeit. Sollten nämlich die Menschen von Arbeit entlastet werden, kämen andere Bedürfnisse auf, nicht nur die der Triebbefriedigung, sondern auch Interesse an einer Teilnahme an der gesellschaftlichen Gestaltung und am politischen System. Dann würden die Herrschaftsverhältnisse in Kürze – womöglich revolutionär – überwunden werden.

Tatsächlich hat die Geschichte Marcuse vorübergehend recht gegeben: Die Hippie-Bewegung wurde zur antiautoritären Bewegung und diese verband sich, zumindest in Frankreich, vorübergehend mit den Interessen der Arbeiterbewegung an gesellschaftlicher Veränderung. Doch Marcuse selbst blieb skeptisch. Trotz der Entwicklung in die Überflussgesellschaft, meinte er, würde es den herrschenden Kreisen gelingen, die Menge »bei der Stange«, das heißt bei der Arbeit zu halten. Grund dafür sei die Transformation des Realitätsprinzips in das Leistungsprinzip.

Den Ausdruck »Realitätsprinzip« übernahm Marcuse von Sigmund Freud. Dabei handelt es sich um die innere Organisation des einzelnen Menschen, nach der er sich unmittelbare Lebensäußerung und Triebbefriedigung versagt, weil er gezwungen ist, die Realität, das heißt die gesellschaftlichen und wirtschaftlichen Notwendigkeiten, anzuerkennen, die ihm Disziplin und Arbeit abverlangen. In einer Epoche, die, wie Marcuse meint, mit der Überflussgesellschaft angebrochen sei, müsste das Realitätsprinzip eigentlich seine Macht verlieren. Triebverzicht ist nicht mehr unbedingt nötig, und der Einzelne ist in der Lage, ein Leben der Muße dem Leben in und durch Arbeit vorzuziehen. Was diesen Wandel verhindert, war die Transformation des Realitätsprinzips in das Leistungsprinzip, so Marcuse. Danach ist Arbeit nicht mehr nur nötig, um die eigene Subsistenz zu erhalten, vielmehr bestimmt Arbeit als Leistung den Status, den der einzelne Mensch in der Gesellschaft hat.

Gesellschaftlicher Status beruht auf Leistung und Erfolg im Beruf – wir arbeiten so viel, um Anerkennung zu erhalten, dazuzugehören und uns auf hohem Niveau ausstatten zu können. Damit haben wir den Anschluss an das Stressphänomen: Wir arbeiten nicht mehr nur, um unser Leben zu erhalten, und es geht auch nicht mehr nur darum, dass wir uns auf einem gewissen Niveau einrichten können, also mit Fernseher, Kühlschrank, Auto. Es geht vielmehr darum, ob man in der Gesellschaft Ansehen, Status, Einfluss erlangt. Dieser Wandel vom Realitätsprinzip zum Leistungsprinzip führte nicht nur dazu, dass der Einzelne bereit ist, ein beträchtliches Maß an Mehrarbeit zu leisten, sondern er wirkt auf den Arbeitsprozess zurück: Arbeit wird nicht als solche belohnt, sondern vielmehr am Resultat gemessen, genauer: am Resultat pro Zeiteinheit. Und das Resultat wird nicht einfach durch seine Qualität, sein Gutsein, sondern relativ zum Aufwand, also zum Beispiel der eingesetzten Zeit oder dem verbrauchten Material, bewertet. Genau darin liegt das Prinzip des Akkords, und als solches ist es in der materiellen Produktion seit Langem bekannt. Doch ähnlich wie sich dieses Prinzip – nun ausgerechnet im Sozialismus – nicht nur einfach auf die Entlohnung auswirkte, sondern auf das gesellschaftliche Ansehen des einzelnen Arbeiters – Held der Arbeit –, so drang es Schritt für Schritt in alle anderen Bereiche vor, beispielsweise auch in den der wissenschaftlichen Produktion. Das Ansehen eines Wissenschaftlers richtet sich mittlerweile nach seinen Veröffentlichungen pro Jahr. Eine ähnliche Entwicklung lässt sich in der Welt der Kunst beobachten. Auch Künstler weisen sich immer häufiger durch entsprechende Lebensläufe aus. Der Gedanke des einen gelungenen Meisterwerkes oder der drei vollkommenen Essays, die Musil vorschwebten, ist obsolet (Gottfried Benn sprach noch davon, dass sich für nur sechs gelungene Gedichte seine lebenslange Lyrikproduktion gelohnt habe). Dieses System der Bewertung geistiger Arbeit als »Leistung« ging ursprünglich von den USA aus und hat inzwischen die ganze Welt erfasst. Wie in der materiellen Welt, so auch in der geistigen Welt: Leistung als messbare Quantität ist gefragt.

Ästhetische Ökonomie

Ob die treibende Kraft, Arbeit als Leistung zu bewerten, tatsächlich das Interesse an der Aufrechterhaltung von Herrschaftsverhältnissen ist, wie Marcuse meinte, ist heute fraglich geworden. Der Effekt jedenfalls ist da. Politisch hält man an der Gesellschaft als Arbeitsgesellschaft fest, d. h., man gehört zur Gesellschaft »als Arbeiter«. Auch die Arbeitslosen gehören statistisch zur Erwerbsbevölkerung; dass bis zu zehn Prozent dieser Erwerbsbevölkerung arbeitslos sind, wird als selbstverständlich hingenommen. Tatsächlich hat dieser Anteil, wie schon Marx meinte, den Charakter einer industriellen Reservearmee. Es handelt sich nämlich um jenen Teil der Erwerbsbevölkerung, der für alle Beschäftigten bedrohlich bereitsteht, diejenigen abzulösen, die an Leistung oder auch loyaler Einstellung oder allgemeiner Willigkeit nicht den Anforderungen entsprechen.

Im Blick auf die antike Gesellschaft oder auch auf die Möglichkeiten, die Marx mit der Idee des Reichs der Freiheit entwickelt hat, könnte eine Gesellschaft auch durch ganz andere Kräfte und Tätigkeiten zusammengehalten werden als durch Arbeit. In der griechischen Demokratie war man Teil der Gesellschaft »als Bürger«, das heißt nicht als Arbeiter, sondern als jemand, der an den öffentlichen Tätigkeiten, von der Volksversammlung über die Gerichte bis hin zur Verwaltung, teilnahm. Von solchen Ideen sind wir heute weit entfernt.

An die Stelle des oder zumindest an die Seite des Interesses an der Aufrechterhaltung von Herrschaftsverhältnissen ist inzwischen ein ganz anderer Mechanismus getreten, der den Einzelnen »bei der Stange« und das heißt einerseits bei der Arbeit und andererseits beim Status quo hält: die Transformation des Kapitalismus in eine ästhetische Ökonomie. Dabei handelt es sich um eine Wirtschaftsform, die nur noch zum geringen Teil lebensnotwendige Güter und zum allergrößten Teil solche produziert, die man durchaus Luxusgüter nennen könnte, die aber, nüchtern betrachtet, der zusätzlichen Ausstattung beziehungsweise Ausschmückung des Lebens dienen. Wie das Leistungsprinzip, so lässt das System der ästhetischen Ökonomie die Menschen nicht zur Ruhe kommen, sondern führt in eine Spirale des Strebens nach immer mehr – und kann somit für Stress verantwortlich gemacht werden.

Das vielleicht wichtigste Grundprinzip der kapitalistischen Wirtschaftsordnung lautet, dass die Wirtschaft wachsen muss. Das ist ein nicht hinterfragtes Dogma und wird auch von der Politik so übernommen. Wirtschaftspolitik ist Wachstumspolitik. Die Bevölkerung wird kaum nach gesellschaftlichen Veränderungen, insbesondere auf Umverteilung des gesellschaftlichen Reichtums, drängen, solange sie Jahr für Jahr durch ein paar Prozent mehr Lohn am Wachstum teilnehmen kann. Wie aber soll die Wirtschaft überhaupt wachsen können, wenn sie im Prinzip damit rechnen muss, dass die Märkte gesättigt sind? Falls sich die Wirtschaft darauf beschränken würde, die elementaren Bedürfnisse der Menschen zu befriedigen, würde sie in Kürze nicht mehr wachsen können.

Um zu verstehen, wie Wirtschaft immer weiter – auch jenseits der Befriedigung elementarer Bedürfnisse – wachsen kann, müssen wir das System der Bedürfnisse selbst genauer betrachten. Oder noch besser gesagt: Wir müssen einen Teil der Bedürfnisse als solche absondern, die nicht elementar sind. Diese wollen wir »Begehrnisse« nennen. Schon Marx sprach von »erweiterten Bedürfnissen«, und der Philosoph Wilhelm Kamlah führte später den Terminus »Begehrnisse« als »das Begehren von Nichtnotwendigem« ein.[2] Der entscheidende Unterschied zwischen Bedürfnissen und Begehrnissen scheint aber folgender zu sein: Als Bedürfnisse im engeren Sinne oder als elementare Bedürfnisse (*basic needs*) sind solche festzuhalten, die zur Ruhe kommen beziehungsweise gestillt sind, wenn man sie befriedigt. Wenn man Durst hat und trinkt, dann verschwindet der Durst. Es gibt aber andere Bedürfnisse, die nicht etwa verschwinden, wenn man ihnen entspricht, sondern die vielmehr noch gesteigert werden. Dies sind die Begehrnisse. Auf die Folgen dieses Unterschiedes für den Konsumenten gehen wir im nächsten Kapitel weiter ein.

Hier möchten wir feststellen, dass eine Wirtschaft, die auf Begehrnisse und nicht auf elementare Bedürfnisse setzt, von Natur aus eine Wachstumswirtschaft ist. Allgemeiner kann man sagen, dass die Begehrnisse sich auf die Ausstattung des Lebens, also dessen Erweiterung, Steigerung und Verschönerung beziehen. Von daher rührt die Bezeichnung »ästhetische Ökonomie«: Die Ökonomie jenseits der Befriedigung der elementaren Bedürfnisse setzt auf die Steigerung, die Verschönerung, die Inszenierung des Lebens.

Die Theorie der ästhetischen Ökonomie gibt uns also ei-

2 Wilhelm Kamlah, *Philosophische Anthropologie. Sprachkritische Grundlegung und Ethik*, Mannheim: Bibliographisches Institut 1973.

nen anderen weiteren Grund dafür an, dass die Menschen in unserer Gesellschaft nicht zur Ruhe kommen, mit keinem erreichten Niveau ihres Lebens beziehungsweise ihres Konsums zufrieden sind: Jedes Niveau gibt nur Anreiz zu neuerlicher Steigerung und macht das nächsthöhere Niveau überhaupt erst sichtbar. Um das neue Niveau zu erlangen, muss man Leistung und mehr Leistung erbringen, und das führt zu Stress als Grundqualität des Lebens.

2. *Ich möchte noch mehr Sachen haben*

Bedürfnis und Begehrnis

Lust will mehr Lust. Dieser Satz könnte von Nietzsche sein, doch trotz seiner leidenschaftlichen – aber vielleicht verzweifelten – Zuwendung zur Welt hat dieser Philosoph in dem großen Gesang seines Propheten Zarathustra das Desaströse des Luststrebens geschildert.[3] Soll man sein Leben auf die Lust oder auf das Gute richten? Diese Frage beschäftigt Philosophen schon seit der Antike. Nietzsche plädierte im Einklang mit der philosophischen Tradition seit Platon für das Gute. Platon hatte dabei in seinem Dialog *Philebos* bereits eine interessante Differenzierung im Begriff Lust (gr. »hedone«, auch: Freude, Genuss) herausgearbeitet: Er unterscheidet zwischen reiner und unreiner Lust. Lust ist normalerweise »unrein«, weil sie nur Lust ist, solange ihr Unlust in Form von Bedürfnis beigemischt ist. So ist die Lust zu trinken nur

3 »Denn alle Lust will sich selber, drum will sie auch Herzeleid! Oh Glück, oh Schmerz! Oh brich, Herz! Ihr höheren Menschen, lernt es doch, Lust will Ewigkeit, – Lust will aller Dinge Ewigkeit, will tiefe, tiefe Ewigkeit!« (Nietzsche, *Also sprach Zarathustra*, Kapitel 91).

Lust, solange man noch durstig ist. Die reine Lust stellt sich hingegen ein, ohne dass ihr ein Bedürfnis vorausginge. Viele werden dieses Beispiel gut kennen: Man geht in einem Park spazieren und wird plötzlich von Lust erfüllt, wenn man die Duftwolke eines blühenden Busches erreicht. Die Lust durch Riechen ist in der Tat etwas Besonderes. Gerüche sind eine Art Zugabe, wir haben kein Bedürfnis nach ihnen. Allerdings: Viele, die ihre Fähigkeit zu riechen verlieren, leiden darunter sehr. Betroffene fallen meist in Depressionen und haben das Gefühl, von der Welt abgeschnitten zu sein oder sich in einer Blase zu befinden.

Vielleicht sollte man solchen Lusterfahrungen mehr Gewicht beilegen. Meistens allerdings haben wir es mit dem anderen Lusttyp zu tun, jenem, den Platon »unreine Lust« nennt, nämlich der Lust, die in vielfacher Weise mit Unlust verschränkt ist. Dieser Zusammenhang von Lust und Unlust – die Abhängigkeit der Lusterfahrung von einem vorausgehenden Bedürfnis, eines Gefühls des Mangels – ist die Quelle vielfachen Unheils, von denen eines in ihr selbst begründet ist: Die Suche nach Lust verfehlt ihr Ziel, indem sie dieses erreicht. Die Erfüllung des Bedürfnisses nach Lust erlischt mit dessen Befriedigung.

Das ist bereits das Schicksal des platonischen Eros. Wenn der Eros, wie Platon ihn schildert, das Bedürfnis nach dem Schönen ist, das man *nicht* hat, so erlischt die erotische Lust am Schönen in dem Moment, in dem man sich seiner bemächtigt: die Unmöglichkeit, erotische Lust mit Ehe zu verbinden. Platon ist sich dieses Problems bewusst, wenn er hinzusetzt, der Eros sei das Bedürfnis, das Schöne *immer* zu haben. So oder so enthält der Eros die verzweifelte Notwendigkeit, das Schöne, dessen Nähe er sucht, auf Distanz zu halten.

Hier lohnt es sich, die Unterscheidung im Begriff des Bedürfnisses wieder aufzunehmen, die wir bereits im vorigen Kapitel eingeführt haben. Diese zielt auf unser dem Eros verwandtes Verhalten ab, nämlich durch Kauf und Konsum ein lustvolles Leben zu erreichen. Der Unterschied ist folgender: Ein Bedürfnis kommt zur Ruhe oder, besser gesagt: erlischt, indem man ihm entspricht. Das Grundbeispiel dafür ist das Verhältnis von Durst und Trinken. Der Durst verschwindet, wenn man hinreichend trinkt. Das Begehren hingegen wollen wir als ein Haben-Wollen definieren, das dadurch, dass man ihm entspricht, gerade gesteigert wird. Man könnte als Grundbeispiel dafür das Streben nach Besitz nennen, jedenfalls, wenn man Besitz als Kapital definiert. Natürlich gab es in Zeiten traditionaler Lebensformen eine Zufriedenheit der Besitzenden, nämlich dann, wenn der Besitz wie etwa beim traditionalen Bauerntum nichts anderes war als die gediegene Lebensbasis, die ein behagliches Dasein ermöglichte. Erst die Kapitalisierung von Landbesitz und die Marktabhängigkeit agrikultureller Produktion hat in diese Verhältnisse die Tendenz zu mehr und größer hineingebracht.

Es gab in der bayerischen Bierwerbung einen Spruch, der den Unterschied von Bedürfnis und Begehrnis und die Möglichkeit, ein Bedürfnis in ein Begehren zu verwandeln, treffend zum Ausdruck bringt. Es ist der Spruch »Durch Bier wird der Durst erst schön«. Wenn wir sagten, dass das Bedürfnis »Durst« gerade von der Art ist, dass es verschwindet, wenn man ihm entspricht – der Durst wird »gelöscht« –, so kann das Biertrinken gerade dazu führen, den Durst erst richtig zu erwecken. Man hat »Lust auf noch ein Bier« – obwohl man schon reichlich getrunken hat. Damit wird dem Mangel »unreiner Lust«, wie sie das Trinken gewährt, abgeholfen. Wenn Trinken nur dann Lust gewährt, solange man noch durstig ist, so kann, der bayerischen Bierwerbung entsprechend, durch Trinken von Bier diese Lust zumindest verlängert werden. Auch die darin liegende Steigerungstendenz wird irgendwann einmal zu einem Ende führen, sei es nun aus physiologischen oder aus finanziellen Gründen. In jedem Fall folgt jedoch, dass die Brauereiindustrie kein traditionales Gewerbe ist, durch das nämlich Bedürfnisse der Bevölkerung befriedigt werden, sondern ein kapitalistisches, das durch sein Produkt, also das Bier, das Trinken weit über das Maß hinaus steigert, das zum Löschen einfachen Durstes notwendig wäre.

Wir wollen versuchen, diese Unterscheidung von Bedürfnissen und Begehrnissen mit neuropsychologischen Theorien zum Belohnungsempfinden in Einklang bringen. Die Bedürfnisbefriedigung wird in der Forschung wohl am meisten im Zusammenhang mit Grundbedürfnissen untersucht, also in erster Linie Nahrungs- und Wasseraufnahme und Fortpflanzung, daneben Schlaf, Atmung, Schutz vor Angreifern. Diese Bedürfnisse sind in der Psychologie auch als primäre Belohnungsmechanismen bekannt. Das bedeutet, dass ein Lebewesen diese selbstständig aufsucht und Verhaltensweisen, die zu einer dieser primären Belohnungen führen, vermehrt ausführt. So kann man den meisten Tieren etwas beibringen, indem man sie mit Futter belohnt. Sie müssen nicht erst lernen, dass sie das Futter haben möchten. Dementgegen stehen die sekundären Belohnungsmittel, deren Wirkung erst erlernt werden muss. Diese Belohnungen sind für das Überleben eines Tieres nicht notwendig. Für uns Menschen sind solche sekundären Verstärker beispielsweise Geld, Anerkennung, gute Schulnoten, Statussymbole. Damit bei einem Tier die Konditionierung, also das Erlernen eines sekundären Verstärkers, erfolgreich ist, muss dieser erst einmal gepaart mit einem primären Verstärker auftreten. Der Pawlow'sche Hund ist dafür das klassische Beispiel: Der Hund bekommt Futter, wenn eine Glocke klingelt. Nach einer Weile assoziiert er die Glocke mit dem Futter, das Wasser läuft ihm im Munde zusammen – aber er empfindet, davon können wir zumindest ausgehen, die Glocke selbst als eine Art Belohnung. Dies geschieht bei uns Menschen in Bezug auf das Geld ganz früh: Kinder lernen unglaublich schnell, dass Geld etwas ist, das sie haben wollen – sehr oft, weil sie sich davon Süßigkeiten kaufen können. Im nächsten Schritt fungiert nun das Geld als die eigentliche Belohnung: Wir arbeiten, um Geld zu verdienen. Davon können wir sicherlich Überlebenswichtiges kaufen, doch das Geld selbst hat bereits einen Belohnungseffekt auf uns.

Interessant ist nun, dass das Erfüllen der primären Bedürfnisse, also Nahrungsaufnahme, Schlaf, Sex etc., nur dann zu einem Belohnungseffekt führt, wenn wir momentan das entsprechende Bedürfnis haben. Sind wir satt und ausgeschlafen, möchten wir nicht weiteressen oder weiterschlafen. Und wir werden wohl viel seltener an einem Wettbewerb teilnehmen, um ein Brötchen zu gewinnen, wenn wir satt sind, als wenn wir gerade richtig hungrig sind. Die Verhaltensverstärkung tritt nur im Fall des unbefriedigten Bedürfnisses auf.

Mit den sekundären Verstärkern ist es jedoch anders. Diese waren anfangs an leibliche Bedürfnisse gekoppelt, doch der erlernte Belohnungseffekt tritt nach einer Weile eben auch ein, wenn die Grundbedürfnisse eigentlich gedeckt sind. So können wir diese sekundären Verstärker als etwas verstehen, das ein Begehrnis erfüllt, etwas, das immer einen verhaltensverstärkenden Effekt hat, unabhängig von unserer Bedürfnislage.

Man könnte meinen, dass die primären Belohnungen zu einem intensiveren Belohnungsempfinden führen sollten, schließlich stellen sie sich beim Erfüllen unserer elementarsten Bedürfnisse ein. Interessanterweise unterscheidet sich die neuronale Repräsentation von primären und sekundären

Verstärkern nicht: Im Gehirn führt das Erhalten von primären und sekundären Belohnungen zu einem vergleichbaren Aktivierungsmuster des sogenannten Belohnungssystems. Dazu gehören der ventromediale präfrontale Kortex, das ventrale Striatum, die Amygdala, die anteriore Insula und der Thalamus. Das könnte bedeuten, dass das tatsächliche Erleben, die Empfindung dieser beiden Belohnungsarten sich nicht unterscheidet. Es kann aber auch sein, dass wir primäre Belohnungen kaum mehr erleben. Denn wann sind wir schon mal wirklich hungrig oder durstig? Durch die ständige Verfügbarkeit von allem, was unsere primären Bedürfnisse erfüllt, kommen diese oft gar nicht mehr richtig auf. Wir essen beim kleinsten Zwicken im Magen, wir trinken schon mal auf Vorrat – inzwischen sogar schon, ohne auf ein aufkommendes Bedürfnis unseres Körpers zu achten, sondern einfach, wenn uns eine App daran erinnert, dass nun ein Glas Wasser angebracht wäre. Wenn wir so unsere Elementarbedürfnisse nicht mehr aufkommen lassen, erleben wir Belohnungen auf einmal fast ausschließlich und umso intensiver, wenn wir unsere Begehrnisse bedienen.

Eine Art Extremversion der Begehrnisse, des sich steigernden Begehrens, ist die Shoppingsucht. Shoppingsucht ist bisher so wie andere Verhaltenssüchte (Sexsucht, Internetsucht) nicht in das psychiatrische Diagnostikmanual (das *Diagnostic and Statistical Manual of Mental Disorders*) aufgenommen worden. Die einzige dort vertretene Verhaltenssucht ist die Spielsucht. Der Frage, welche Verhaltenssüchte in der aktuellen, fünften Version des Diagnosemanuals vertreten sein sollten, ging eine heftige Diskussion voran, letztendlich scheiterte die Aufnahme an bisher lückenhaften Studien. Viele Psychiater und Psychologen hatten die Aufnahme dieser und ähnlicher Verhaltenssüchte unterstützt, da sie aus ihrer klinischen Erfahrung Patienten mit den entsprechenden Verhaltensweisen kennen – und das will auch heißen: Menschen mit einem Leidensdruck ausgelöst durch solche Suchtphänomene. Das von der Weltgesundheitsorganisation herausgegebene allgemeine ärztliche Diagnostikmanual (*Internationale statistische Klassifikation der Krankheiten und verwandter Gesundheitsprobleme*, kurz ICD) erkennt jedoch eine »Impulskontrollstörung« als Diagnose an, unter welche Kauf- und Internetsucht fallen können (ICD 10, F 63).

Shoppingsucht lässt sich natürlich schlecht in Tierexperimenten untersuchen. Doch alle Süchte ähneln einander darin, wie sie das Belohnungssystem des Gehirns beeinflussen. Der Effekt abhängig machender Drogen auf das Gehirn wurde in zahlreichen Studien untersucht, so dass wir verstehen, was im Gehirn passiert, wenn wir süchtig werden. Schon in den fünfziger Jahren fand man im Rahmen einer aufsehenerregenden Studie heraus, dass Mäuse, bei denen Elektroden im ventralen Striatum implantiert sind, diesen Hirnbereich durch Hebeldruck unablässig stimulieren, wenn ihnen dies ermöglicht wird – sogar so lange, bis sie verhungern oder verdursten würden. Warum die Mäuse dies tun und ob sie dabei tatsächlich ein Lustgefühl empfinden, ist umstritten. Wir wissen jedoch, dass das ventrale Striatum aktiv wird, wenn wir eine Belohnung erhalten. Es ist also Teil des Belohnungssystems. Ein Teil von vielen, keiner davon lässt sich spezifisch als »Genusszentrum« bezeichnen. So führt ein Unterdrücken der Funktionsfähigkeit des ventralen Striatums nicht zu einem Wegfall des Belohnungsempfindens. Somit könnte das subjektive Empfinden bei so einer Maus, die den Hebel drückt, auch etwas ganz anderes als Lust oder Genuss sein, zum Beispiel lediglich die isolierte »Motivation«, den Hebel wieder zu drücken.

Wie kann man solche Ergebnisse überhaupt auf den Menschen übertragen? Schließlich stimulieren wir unser Gehirn nicht über implantierte Elektroden. Doch wie bereits erwähnt, ist bekannt, dass auch beim Menschen Aktivität im ventralen Striatum mit dem Erhalten von Belohnungen zusammenhängt. Alle Substanzen, die abhängig machen, aktivieren in irgendeiner Art und Weise das Belohnungsnetzwerk, von dem das ventrale Striatum ein wichtiger Teil ist. Hierauf kommen wir später noch einmal zurück.

Wir haben nun eine Einsicht gewonnen in unsere paradoxe Situation, nämlich in unser Unbehagen im Wohlstand. Die reichliche Befriedigung unserer Bedürfnisse führt nicht zu einem Zustand von Ruhe und Zufriedenheit, weil diese Bedürfnisse längst in Begehrnisse transformiert sind. Umgekehrt kann man sagen, dass unsere Wirtschaftsform, der Kapitalismus, sich zu einer Wirtschaftsform entwickelt hat, deren eigentliches Ziel nicht die Befriedigung von Bedürfnissen, sondern die Erweckung von Begehrnissen ist.

Ein weiteres Beispiel, abseits vom Konsum durch Kauf, für ein solches Begehren ist der Wunsch, gesehen zu werden. Das Begehrnis, von anderen gesehen zu werden, ist immer noch steigerbar, ist nach menschlichem Maß praktisch unendlich. Die Zahl von Bildern, Videos, Filmen kann immer weiter gesteigert werden. Allein auf dem sozialen Netzwerk Instagram werden jeden Tag über hundert Millionen Bilder und Videos hochgeladen.[4] Wenn Walter Benjamin in seinem Aufsatz *Das Kunstwerk im Zeitalter seiner technischen Reproduzierbarkeit* von 1936 von einem »Menschenrecht gefilmt zu werden« spricht, so ist das geradezu prophetisch. Denn er lebte ja noch in einem Zeitalter, in dem das Familienalbum und das Verschicken von Bildern und nur im gerin-

4 Salman Aslam, »Instagram by the Numbers: Stats, Demographics & Fun Facts«, Omnicore (10. Februar 2020), online verfügbar unter: {https://www.omnicoreagency.com/instagram-statistics/}.

geren Maße die private Herstellung von Schmalfilmen den Wunsch, gesehen zu werden, befriedigte. Aber er erkannte eben die darin mögliche Steigerungspotenz, die mittlerweile dazu geführt hat, dass jeder einmal im Fernsehen auftreten will, und da die Kapazität der kommerziellen Kanäle dafür nicht ausreicht, zumindest ein Video von sich selbst auf YouTube hochlädt. Dieses Begehren, gesehen zu werden, hat zur Entwicklung einer der größten Industriezweige geführt. Dazu ist nicht nur die Fotoindustrie mit Film- und Kameraproduktion, dazu sind auch immer größere Teile der Datenverarbeitung zu rechnen.

Es hat einmal eine Zeit gegeben, in der »gesehen zu werden« ein Privileg der Reichen und Schönen war. Man hat deshalb nicht zu Unrecht den Ursprung des Kapitalismus, das heißt einer Wirtschaftsform, die auf das Begehren setzt, im Luxus der Oberklasse gesehen. Heute ist das Begehren, gesehen zu werden, quasi »demokratisiert«: Jeder kann mitmachen. Doch das ist nur ein Beispiel. Allgemeiner kann man sagen, dass unsere Wirtschaft, der Kapitalismus, längst auf solche Bedürfnisse gesetzt hat, die man in Begehren transformieren kann. Das Leben wird durch die Ausstattung gesteigert, durch immer prächtigere Häuser, durch Wohnungseinrichtungen, durch Gärten, vor allem aber auch durch die Inszenierung der Person. Im fortgeschrittenen Kapitalismus versucht jeder, nicht nur zu überleben, sondern möchte sich in Szene setzen. Dadurch werden die Kosmetikindustrie und die Bekleidungsindustrie neben der Bildindustrie zu einem zweiten großen Sektor der Wirtschaft.

Diese Wirtschaftszweige haben erkannt, wie sie unsere Bedürfnisse ins Absurde steigern können: indem sie das, was modern ist, immer schneller veralten lassen und ununterbrochen neue Trends produzieren. So gibt es zusätzlich zu den klassischen Sommer- und Winterkollektionen wöchentlich neue Ware zu kaufen. »Fast Fashion« macht auch nicht vor der Kosmetikwelt halt, in der nun die Nagellack-Trendfarbe ständig wechselt, so dass man seine kaum angebrochenen Nagellack-Fläschchen eigentlich gleich wieder entsorgen muss, um sie durch die neuesten Farben zu ersetzen. Selbst die Einrichtungsindustrie hat das Potenzial dieser Entwicklung längst erkannt und erfindet fleißig neue »Wohntrends«.

In der ästhetischen Ökonomie dienen die Wirtschaft und entsprechend der Konsum nur noch zum geringen Teil der Befriedigung elementarer Bedürfnisse. Sie dienen zum größten Teil der Verschönerung, also der Ästhetisierung des Lebens. Wir befinden uns in einem neuen Barock und das heißt heute: einem Barock für alle. Die »Richterskala« des Konsums ist nach oben offen. Jede Ware, die man kauft und konsumiert, kann von einer anderen übertroffen werden; jedes Konsumniveau ist steigerungsfähig; jeder Genuss blickt scheel nach dem höheren Genuss; jeder Besitz ist erweiterungsfähig. So enthält jedes Mittel der Befriedigung den Stachel des Ungenügens. Was sagt doch Faust, als er den Pakt mit dem Teufel abschließt? »Dem Taumel weih' ich mich, dem schmerzlichen Genuß.«

Kaufsucht und Werbung

In Michael Endes Kinderbuch *Momo* erhält die gleichnamige Hauptperson von den grauen Herren eine Puppe, genannt Bibigirl, die ständig wiederholt: »Ich möchte noch mehr Sachen haben.« Die weise Momo erkennt schnell, dass diese Puppe langweilig ist und man mit ihr nicht richtig spielen kann. Die vorprogrammierten Sätze blockieren die kindliche Fantasie. Das einzige Spiel, das Bibigirl kennt, besteht darin, sich weiter auszustatten. Doch selbst, wenn wir erkennen, dass viele unserer Wünsche, dass das Empfinden, noch mehr haben zu wollen, eigentlich unsinnige Begehrnisse sind, so heißt dies noch lange nicht, dass wir von diesen Begehrnissen frei sind. Können wir unsere Begehrnisse überhaupt reduzieren, wenn wir von allen Seiten, von der Wirtschaft und der Werbung, zum Kaufen angeregt werden?

Wenden wir uns noch einmal der Suchtforschung zu: Suchtmittel regen bei Tieren und beim Menschen Regionen des Belohnungssystems an und verstärken somit das Wieder-Aufsuchen ebendieser Mittel. Der Neurotransmitter Dopamin spielt eine besonders wichtige Rolle im Belohnungssystem und somit auch für die Sucht. Dopamin wird unter anderem im ventralen Striatum ausgeschüttet. Eigentlich ist die Funktion dieses Botenstoffs, unser Überleben zu sichern: Wenn unsere Jäger-und-Sammler-Vorfahren einen schmackhaften Beerenbusch fanden, löste das Dopamin ein Belohnungsgefühl aus. Dies wiederum half unseren Vorfahren, sich gut an den Ort des Busches zu erinnern oder auch seine Blätterform, so dass sie ihn später wieder aufsuchen konnten. Suchtmittel, im klassischen Sinne Drogen, aber eben auch Begehrnisse, lösen ebenfalls ein Ausschütten von Dopamin aus. Tritt dieses Dopamin-Hochgefühl jedoch ständig ein, gewöhnt sich das Gehirn an die erhöhte Menge des Neurotransmitters. Um ein erneutes Hochgefühl auszulösen, ist eine stärkere, intensivere Belohnung notwendig. Das kann das Erfüllen eines gesteigerten Begehrnisses sein oder der Konsum eines Suchtmittels. Ist ein Suchtmittel nicht zugänglich, zeigen sich Entzugssymptome. Diese können sich körperlich äußern, durch erhöhten Herzschlag und Schwitzen zum Beispiel, oder psychisch, durch Depression, starke Unruhe bis hin zu Angst und Panikattacken.

Wie kann uns die Suchtforschung nun helfen, besser mit unseren Begehrnissen umzugehen? In Experimenten mit Tieren konnte gezeigt werden, dass sich die Abhängigkeit von Kokain und die Rückfallraten nach Entzug deutlich verringerten, wenn Ratten oder Mäuse in einer anregenden Umgebung (*enriched environment*) gehalten wurden. Zwar ist unsere Umwelt doch immerhin weit anregender als die einer Laborratte, doch selbst unser Leben kann sich durch Routinen und Gewohnheiten leicht eintönig anfühlen. Sich selbst immer wieder neu herauszufordern, sich in neuartige und fordernde Situationen zu begeben kann auch uns helfen, dem Drang nach weiterem Konsum, dem Kaufrausch zumindest für eine Weile zu entkommen. Denn nicht nur das Erfüllen von Bedürfnissen und Begehrnissen führt zur Ausschüttung von Dopamin, sondern auch das Erleben von etwas Neuem. Neue Orte zu erforschen hatte für unsere Vorfahren einen Überlebensvorteil – daher belohnt das Gehirn Neugierde mit Dopaminausschüttung und dem damit verbundenen Hochgefühl. Erlebnisse, die neu, unerwartet, überraschend sind, könnten also, zumindest vorübergehend, dem ewigen Steigerungscharakter der Begehrnisse Einhalt gebieten. Doch auch hier besteht die Gefahr der ständigen Steigerung: wenn das nächste Erlebnis den letzten Thrill und die kürzlich erlebte Spannung übertreffen muss, wenn das Bedürfnis, gesehen zu werden, das tatsächliche Erleben verdirbt, da man jeden Aspekt des Erlebnisses dokumentiert.

Welche weiteren Hinweise kann uns die Forschung geben? Ratten sind wie wir Menschen soziale Tiere. Befindet sich eine Ratte in einer Situation, in der sie mittels Hebeldrucks wählen kann zwischen zehnminütigem Zugang zu einer Droge, von der sie abhängig ist, und dem zehnminütigen Spiel mit einer anderen Ratte, wählen Ratten fast immer die soziale Interaktion – selbst wenn sie messbar abhängig von der Droge sind! Eine Ratte ist freiwillig abstinent, wenn sie dafür Zeit mit einem Freund verbringen kann. Das bedeutet, dass die soziale Interaktion einen größeren Belohnungseffekt, einen höheren Wert als die abhängigmachende Droge hat. Dies ist auch ein Hinweis darauf, dass soziale Interaktion zu den primären Verstärkern gerechnet werden sollte. Darüber hinaus legt dieser Befund eine Strategie nahe, mit der wir beim Auftreten eines Kaufwunsches reagieren können: lieber einen Freund oder eine Freundin besuchen und ein gutes Gespräch führen. Der daraus resultierende Belohnungseffekt müsste eigentlich sogar stärker sein als der des Einkaufens.

Natürlich versucht die Wirtschaft, unsere Begehrnisse zu verstärken, indem wir ständig mit Werbung berieselt werden. Die wohl naheliegendste Strategie, sich gegen den Einfluss der Werbung zu wehren, besteht darin, Werbung zu meiden. Nicht hinsehen, wegschalten, weghören. Werbung ist konzipiert, um unsere Begehrnisse zu wecken. Sie macht nicht Hunger, sondern Appetit. Sie zeigt kaum Dinge, die wir benötigen, vielmehr solche, die wir haben wollen. Sie vermittelt uns nebenbei ein Idealbild des Lebens – in Bezug auf Aussehen, Fitness, Kleidung, Einrichtung –, das wir meist nicht erreichen können. Selbst wenn wir wissen, dass dies medial erzeugte Bilder sind und keine Wirklichkeiten, sie werden zu Zielmarken unseres Begehrens. Die Werbung dringt immer weiter in unser Leben ein. Es ist nicht mehr nur die Werbepause beim Fernsehfilm, es sind nun auch allgegenwärtige Bilder und Filme in unseren Facebook- und Instagram-Feeds – oft nicht einmal eindeutig als Werbung gekennzeichnet, wenn beispielsweise Instagram-Persönlichkeiten produzierte Bilder eines perfekten Lebens teilen. Wie können wir Durchschnittsmenschen solch einen Style, solch einen Körper haben? Indem wir dieselben Marken und Produkte kaufen?

Tatsächlich ist der Großteil unseres Konsumverhaltens ein Stimulieren von Begehrnissen. Mode ist dafür ein hervorragendes Beispiel. Man kauft sich ja kaum einen Pullover, weil man friert. Meistens kauft man einen Pullover, weil er schön aussieht und dem neusten Trend entspricht. Diese Motivation kann als begehrnisvermittelt angesehen werden: Der Kauf eines »Trend-Teils« erweckt nun den Wunsch, auch noch den Rest des Outfits zu erwerben, denn ein neues Stück lässt sich nicht gut mit den Trends der letzten Saison kombinieren. Produkte werden nicht mit ihrem praktischen Nutzen, ihrer guten Qualität oder langen Haltbarkeit beworben, sondern durch ihren Charme. Wir kaufen kaum Dinge, weil sich der Erwerb lohnt. Man sagt nicht mehr: »Davon hast du dein Leben lang etwas.« Kurze Haltbarkeit treibt die Wirtschaft an, erhöht die Produktion, den Konsum – und vermehrt den Abfall der Wohlstandgesellschaft. Und dessen sind sich vermutlich die meisten von uns bewusst. Das Wissen darum, selbst wenn es nur undeutlich im Hinterkopf mitschwingt, erzeugt den bitteren Beigeschmack der Konsumerlebnisse (darauf gehen wir im nächsten Kapitel ein).

Werbung zeigt uns nicht nur ein Idealbild vom Leben, sondern auch ein Idealbild der Rolle, die wir darin zu spielen haben. Doch genügt es nicht, darüber Bescheid zu wissen, nein, nicht einmal, darüber kritisch zu reflektieren, um eine Distanz gegenüber den Werbebildern zu entwickelt. Denn selbst diejenigen, die wissen, wie Werbebilder produziert werden und welche Absichten hinter ihnen stehen, werden durch die allgegenwärtigen Bilder von sportlichen Junggesellen und mageren Unterwäschemodels beeinflusst. Der Grund dafür: Das Gehirn sammelt unablässig Wissen über seine Umwelt und seine Mitmenschen. Unsere kognitiven Prozesse, von denen viele unbewusst ablaufen, haben das Ziel, ein möglichst genaues Bild der Welt, in der wir leben, zu erstellen. So akkumuliert das Gehirn beispielsweise all die unterschiedlichen Körperformen, die es tagtäglich sieht, und erstellt daraus einen Mittelwert. Dieser Mittelwert ist gleichzeitig ein Erwartungswert: Ungefähr so sieht der menschliche Körper aus. Doch fließen in diesen Mittelwert ebenso Bilder ein, die online gesehen wurden und bei denen es sich also zu einem Teil um Bilder handelt, die durch Posen, Kamerawinkel und Bildbearbeitungsprogramme Körper darstellen, die es in Wirklichkeit gar nicht oder fast gar nicht gibt. Der tägliche Konsum solcher Bilder verschiebt den Erwartungswert – und somit auch den Erwartungswert dafür, wie man selbst aussehen sollte. Man misst sich an dem Mittelwert und schneidet deutlich unter dem Durchschnitt ab. Würden nur echte Körper in ihrer natürlichen, nicht manipulierten Form in den Erwartungswert einfließen, lägen die meisten von uns – logischerweise – nahe am Mittelwert. Dass unsere Erwartungswerte und Präferenzen unser Wohlergehen, unsere Zufriedenheit mit uns selbst und unser Selbstbewusstsein beeinflussen, liegt nahe. In einer Studie wurde Frauen und Männern eine Reihe von Silhouetten weiblicher Körperformen gezeigt. Frauen sollten nun die Fragen beantworten, welche davon ein Mann wohl am attraktivsten fände und was ihnen selbst als ideal erschien. Männer sollten ihre eigene Präferenz angeben. Das wenig überraschende Ergebnis: Frauen überschätzten die Präferenz von Männern für sehr dünne Körper, die sie selbst als ideal empfanden. Umgekehrt empfinden Männer, dass sie nicht ihre ideale Körperform (einen muskulösen Körper) besitzen. Es konnte weiterhin gezeigt werden, dass die Unzufriedenheit mit dem eigenen Körper im Zusammenhang mit der Häufigkeit des Konsums von Medien steht, die solche genormten Idealbilder enthalten, wie zum Beispiel Modemagazinen oder heutzutage sozialen Medien. Dieser Zusammenhang zwischen Medienkonsum und angestrebtem Idealbild lässt sich auf andere Lebenszusammenhänge erweitern: auf die Mahlzeiten, die Wohnungseinrichtung, den Urlaub, ja auf den gesamten sogenannten »Lifestyle«.

Wir können versuchen, die Strategien der Werbemacher zu durchschauen. Haben wir genügend Muße, können wir die Tricks analysieren und uns dadurch distanzieren. Das ist nicht einfach, es erfordert Arbeit. Nach einem langen Tag, an dem wir bereits häufig emotionale Kontrolle anwenden mussten, um ruhig und friedlich mit Kollegen und anderen Mitmenschen umzugehen, sind wir erschöpft und erliegen deshalb leichter und schutzloser den fröhlich-bunten Werbebildern, die über die Bildschirme tanzen. Es lohnt sich für jeden Einzelnen von uns, Werbung einmal ganz bewusst zu analysieren, vielleicht in einer Gruppe von Freunden, mit dem Partner oder mit der Familie. Auch Kinder können davon enorm profitieren (siehe unten): Welche Ideen und Vorstellungen werden vermittelt? Welche Begehrnisse geweckt? Wer diese Dinge einige Male konkret analysiert und beim Namen genannt hat, wird in Zukunft besser in der Lage sein, Werbung nicht so nah an sich heranzulassen. Wer seine persönlichen Schwachpunkte kennt, kann sich besser schützen.

Wenn wir unsere Schwachpunkte kennen, können wir uns die nächste Frage stellen: Kann ein bestimmtes Produkt wirklich einen Wunsch erfüllen? Sicher, die Wimperntusche erfüllt ihren Zweck, doch länger oder dichter werden die Wimpern davon nicht. Also eine andere kaufen? Oder falsche Wimpern benutzen? Doch selbst das wird nicht denselben Effekt haben, den die Bildbearbeitung auf das Bild in der Werbung hatte. Wie lange wird das Wohlgefühl nach dem Kauf andauern? Häufig endet es bereits, wenn die neue Kleidung nach Hause getragen und im Schrank verstaut wurde. Manchmal hält es an, bis man die Sachen einige Male getragen hat. Doch von Dauer ist es nicht.

Wir als aufgeklärte und bewusste Konsumenten wissen,

dass Werbung viel Unhaltbares verspricht und mit zahlreichen Tricks arbeitet. Aber das bedeutet nicht, dass wir dieses Wissen jederzeit nutzen können. Wer Hunger hat, in Eile ist, in Gedanken bei seinem Job oder den in der Kita wartenden Kindern, der kauft eben doch mal schnell das beworbene Stück Pizza, obwohl man besser essen wollte und es auch vollkommen überteuert ist. Was tun? Den eigenen Proviant vorbereiten und immer etwas dabei und verfügbar haben. Werbung erwischt uns in den schwachen Momenten und erweckt Begehrnisse. Wenn wir unsere Grundbedürfnisse gut befriedigen, dann sind wir auch besser gegen Begehrnisse gewappnet. Da Werbebilder unsere Erwartungen an die Welt jedoch auch unbewusst beeinflussen, ist letztendlich die beste Strategie, Werbung ganz zu meiden: Es zu einer Gewohnheit zu machen, umzuschalten, lautlos zu stellen, wegzuschauen, umzublättern, wo immer Werbung versucht, Aufmerksamkeit zu ergattern.

Natürlich ist es nicht die Werbung allein. Es kommt die Präsenz von Waren hinzu, deren unglaubliche Vielfalt. Tatsächlich erhöht sich durch die größeren Auswahlmöglichkeiten nicht die Zufriedenheit, das Gegenteil ist der Fall. In der Psychologie ist dieses Phänomen als »Paradox of Choice« bekannt:[5] Einerseits sind das Empfinden von Autonomie und Freiheit ausschlaggebend für unser Wohlergehen, andererseits sind wir umso unzufriedener mit unseren Entscheidungen, je mehr Optionen zur Wahl stehen. Der Psychologe Barry Schwartz beschreibt in seinem Buch *Anleitung zur Unzufriedenheit* einen möglichen Grund für dieses Dilemma: Hat man eine von vielen, meist vergleichbar guten Optionen gewählt, kommt die Angst auf, eine andere, möglicher-

5 Barry Schwartz, *Anleitung zur Unzufriedenheit. Warum weniger glücklicher macht*, Düsseldorf: Econ 2004.

weise bessere Alternative verpasst zu haben. Schnell kreisen die Gedanken nur noch um die Frage: »Was wäre, wenn ich mich anders entschieden hätte?«

Unsere Konsumgewohnheiten zu ändern ist schwer. Sobald ein bestimmtes Verhalten eine Gewohnheit ist, läuft es automatisch ab. Um es zu ändern, müssen wir uns die Gewohnheit erst einmal bewusst machen und sie dann in ebenfalls bewusster Reflexion und Selbstbeobachtung in eine neue Gewohnheit verwandeln. Das kostet Mühe, Zeit und Willenskraft. Früher galten Selbstkontrolle und Willenskraft in der Psychologie als erschöpfbare Ressourcen. Die psychologische Forschung ging davon aus, dass wir ein gewisses Kontingent an Willenskraft zur Verfügung haben und dieses durch Ruhepausen immer wieder auffüllen müssen. Heutzutage wird diese Theorie zunehmend in Frage gestellt. Tatsächlich hat unser Glaube an die Endlosigkeit oder Unerschöpfbarkeit von Willenskraft eine Wirkung darauf, wie stark unser Wille ist. Wer das Konzept vertritt, Willenskraft sei nur begrenzt verfügbar, benötigt längere Ruhepausen als jemand, der dies nicht glaubt. Nichtsdestotrotz ist es grundsätzlich einfacher, eine Verhaltensweise so einzuüben, dass sie zu einer Gewohnheit wird. Dann stellt sich die Frage nach der Verfügbarkeit von Selbstkontrolle nicht mehr.

Gewohnheiten zu ändern kann sich aber auch gut anfühlen. Weil man etwas Neues probiert, weil man neue Wege einschlägt. Wie wir schon gesehen haben, vermittelt das Erleben von Neuartigem ein Belohnungsgefühl. Neue Gewohnheiten auszubilden wird am Anfang Willenskraft kosten, doch den Einsatz ist es wert. Es ist ein Erfolgserlebnis, über genügend Selbstkontrolle zu verfügen, ein unnötiges Produkt *nicht* zu kaufen. Wenn man seinen Impulsen widersteht, löst dies ein Gefühl von Autonomie und Selbstbestimmung aus. Beide Empfindungen gelten als unerlässlich für das psychische Wohlergehen des Menschen, wie der Soziologe Aaron Antonovsky bereits in der zweiten Hälfte des letzten Jahrhunderts in seiner Arbeit zur Salutogenese beschrieben hat. Am Anfang können kleine psychologische Tricks helfen: Nicht sofort kaufen, sondern das Produkt einen Tag zurücklegen lassen oder beim Onlineshopping im Warenkorb speichern. Vielleicht hat sich das Begehren am nächsten Tag erledigt. Und wenn nicht, wenn wir doch etwas kaufen, was wir eigentlich nicht brauchen, sollten wir nicht gleich den ganzen Plan für ein alternatives Verhalten über Bord werfen. Genauso wie längere Abstinenz die Lust auf Süßigkeiten verringert, wird auch das Begehrnis nach neuen Produkten sinken. Es dauert, unbewusste Gewohnheiten zu überschreiben, das Gehirn muss neue Verhaltensweisen und neue Belohnungsassoziationen erst erlernen. Häufig handelt es sich beim Konsum nicht bloß um die Jagd nach dem nächsten Hochgefühl, sondern um einen Coping-Mechanismus, das heißt, um eine Art, mit Stress oder Niederlagen umzugehen: Wenn der Kauf neuer Klamotten oder Schuhe ein paar Mal mit einem Belohnungsgefühl einherging, greifen wir unbewusst oder bewusst auf diese Strategie zurück, wenn wir uns gestresst oder unausgeglichen fühlen. Doch das gute Gefühl ist meist nur von kurzer Dauer, endet oft schon, wenn die Tüten mit den neuen Sachen nach Hause getragen sind. Um tatsächlich mehr Ausgeglichenheit zu erreichen, benötigen wir andere Strategien. Auf den Stress- oder Belohnungskauf zu verzichten ist am Anfang genauso schwer, wie auf das gewohnte Stück Schokolade oder Glas Wein. Auch wenn es sich hierbei nicht unbedingt um tatsächliches Suchtverhalten handelt (das ließe sich, wie wir oben angedeutet haben, natürlich durchaus diskutieren), beim Entziehen einer erwarteten Belohnung reagiert das Belohnungssystem: Die dopaminergen Neurone, die kontinuierlich aktiv sind, verringern ihre Aktivität. Die Menge an Dopamin sinkt also beim Ausbleiben einer erwarteten Belohnung sogar *unter* das Niveau, das im Ruhezustand vorhanden ist. Wir fühlen, dass da etwas fehlt, was eigentlich hätte eintreten sollen. Die gute Nachricht ist: Wir verlernen Assoziationen und Erwartungen auch relativ schnell. Je stärker oder älter die Assoziation eines Reizes mit dem Belohnungsgefühl ist, desto länger wird das Verlernen dauern. Doch im Vergleich zu abhängig machenden Drogen ist die erlernte Verknüpfung zwischen Kaufverhalten und Belohnungsgefühl nicht allzu stark. Wer den Kreislauf ein paar Mal bewusst unterbricht, wird erleben, wie das Verlangen schwindet. Eine andere Möglichkeit zum »kalten« Belohnungsentzug ist, eine Ersatzhandlung zu finden – statt ins Einkaufszentrum zu gehen, einen Ausflug in einen schönen Park machen. Schöne Erlebnisse statt neuer Dinge.

Ein weiterer Stolperstein auf dem Weg zu alternativen Verhaltensweisen ist der Gruppeneffekt. Es ist schwer, nicht das neueste Smartphone zu haben, wenn der ganze Bekanntenkreis eines besitzt. Man kann nicht mitreden, man hat nicht dieselben Apps zur Verfügung, man kann möglicherweise nicht an Gesprächsgruppen teilnehmen. Während eine gewisse Abstinenz von sozialen Medien und Onlinespielen empfehlenswert erscheint, sollten wir uns nicht selbst zum Außenseiter in unserem sozialen Umfeld machen. Vielleicht hilft es, Anwendungen auf ein Minimum zu reduzieren, die für Kommunikation mit den Freunden und der Familie notwendig sind. Wir müssen uns nicht unter Druck setzen und gleich das Smartphone in den Müll werfen. Wir können für eine Weile ausprobieren, wie es sich ohne oder mit stark reduzierter Nutzung lebt, und uns dann immer noch umentscheiden. Möglicherweise stellen wir fest, dass wir die Anwendungen oder gar das Smartphone nicht benötigen – ähnlich wie in einer Bremer Studie zur Benutzung des Autos: Nach dem Verzicht auf das eigene Automobil für einige Monate entschloss sich nach Abschluss der Studie die Mehrzahl der teilnehmenden Familien, grundsätzlich auf ihr Auto zu verzichten.[6]

Wir können uns den Gruppeneffekt auch zum Freund machen, indem wir nicht hinterherlaufen, sondern vorneweg. Wer Freunde und Familie überzeugt, mitzuziehen, wird erfolgreicher sein. Der Gruppeneffekt ist mächtig. Wie mächtig, zeigen Studien in sozialen Netzwerken und Freundeskreisen wie zum Beispiel eine Auswertung von Daten zum Body Mass Index (BMI) zahlreicher Personen, die über dreißig Jahre hinweg gesammelt wurden: Die Wahrscheinlichkeit einer Person, übergewichtig zu werden, wenn lediglich ein einziger Freund dieser Person übergewichtig wurde, lag bei 57 Prozent! Ähnlich starke Folgen hat die Gewichtszunahme eines Geschwisterteils (40 Prozent) oder des Partners (37 Prozent). Diese Zusammenhänge bestanden nicht zwischen Wohnnachbarn und waren stärker zwischen gleichgeschlechtlichen Freunden. Der Effekt ist in der Psychologie wohlbekannt und beruht auf dem Phänomen der »sozialen Ansteckung«: Wir übernehmen häufig bewusst oder unbewusst Verhaltensweisen von Menschen, die uns nahestehen. Dies beginnt im Bereich der Sprache, wo dieses Phänomen die Verbreitung von Slangs und von Sprechweisen, die für enge Freundeskreise spezifisch sind, erklärt. Im weiteren Kontext bezieht sich die Theorie der sozialen Ansteckung auf die Verbreitung von Meinungen und politischen Einstellungen. Doch wie die Studien zum BMI nahelegen, kann die

6 Hiltrud Burwitz, Henning Koch und Thomas Krämer-Badoni, *Leben ohne Auto: Neue Perspektiven für eine menschliche Stadt*, Reinbek bei Hamburg: Rowohlt 1992.

soziale Ansteckung eben auch das alltägliche Verhalten verändern (beispielsweise das Essverhalten).[7]

Ein weiterer Punkt, der beim Thema Werbung nicht übersehen werden darf, ist der Schutz von Kindern vor Werbung. Schon Erwachsenen fällt es schwer, die ständig auf sie einprasselnden Werbebilder nicht an sich heranzulassen. Kinder sind noch nicht in der Lage, hinter die Tricks der Werber zu blicken. Sie glauben erst einmal, was ihnen erzählt wird. Ein oft vorgebrachtes Argument ist: Kinder müssten lernen, mit Werbung umzugehen, weil sie eben da sei. Hier ist Vorsicht geboten, denn das würde ja bedeuten, dass Eltern ihren Kindern ständig erklären müssten: »Glaub nicht alles, was du hörst und siehst.« Auf diese Weise würden Eltern bei ihren Kindern ein Grundmisstrauen in die Welt schüren. Eigentlich müsste die Werbung im öffentlichen Raum deutlich eingeschränkt werden. Das hat nichts mit staatlicher Kontrolle zu tun, sondern mit Selbstschutz. Wie wir schon gesehen haben, beeinflusst Werbung die Zufriedenheit mit dem eigenen Körper. Das ist nur ein Beispiel, letztendlich beeinflussen diese ständigen Reize unsere Idealvorstellungen vom Leben und machen uns oft unglücklich. Zudem gaukelt Werbung uns irritierend veraltete Rollenbilder vor. Klischees, die aber so allgegenwärtig gezeigt werden, dass wir uns daran gewöhnt haben. Absurderweise ist dies am deutlichsten in der Werbung, die sich gezielt an Kinder richtet. Oder eben eigentlich nicht an Kinder, sondern an kleine Jungs und kleine Mädchen, an dunkelblaue Superhelden-Monstertruck-Fans und glitzerpinke Prinzessinnen-Cupcake-Kon-

7 Ein schlimmer Fall der sozialen Ansteckung ist der des erhöhten Selbstmordrisikos, wenn ein Suizid im Familienkreis geschieht (das Risiko erhöht sich um das Achtfache) oder in den Medien über Suizide berichtet wird.

ditorinnen.[8] Die Überstilisierung von Geschlechterrollen im Kinderspielzeug ist in der heutigen Zeit auf einem neuen Höhepunkt angekommen. Die Hersteller behaupten, »die Nachfrage sei eben so«, Jungs und Mädchen würden das ganze Zeug »haben wollen«. Neurobiologisch und psychologisch gibt es keinerlei Hinweise darauf, weshalb kleine Jungs Blau gegenüber Rosa bevorzugen würden oder Autos lieber hätten als Puppen.[9] Tatsächlich zeigt sich im Spielverhalten von Kindern eine Imitation des Verhaltens der Erwachsenen. Ein spannendes Beispiel, das dies verdeutlicht, ist das Kochen. Kochen ist eine der ersten klassischen »Frauentätigkeiten«, die inzwischen viele Männer gern übernehmen. Und siehe da: Auf einmal kochen auch die kleinen Jungs mit großer Begeisterung an ihrem Spielherd.

Die Evolutionsbiologie lehrt uns, dass Spielverhalten als eine Nachahmung von Erwachsenen und anderen Kindern ausnehmend wichtig ist: Auf diese Art und Weise lernen Kinder die wichtigsten Verhaltensweisen für ihr Überleben und natürlich auch, was sie als Mitglied ihrer Herde erwartet. Dies hat sicherlich auch genetische Komponenten. Die unglaubliche Varianz in menschlichen Gesellschaftsformen und -normen wird durch eine Kombination von genetischer Veranlagung mit traditionaler Weitergabe von Verhaltensweisen herausgebildet. Solche Traditionen kennt man bereits bei Affen. Ein schönes Beispiel ist das Waschen von Kartoffeln in Salzwasser bei Makaken oder das Nüsseknacken bei Schimpansen – beides wird über Generationen weitergegeben, hat

8 Almut Schnerring und Sascha Verlan, *Die Rosa-Hellblau-Falle. Für eine Kindheit ohne Rollenklischees*, München: Antje Kunstmann 2014.

9 Cordelia Fine, *Delusions of Gender: How Our Minds, Society, and Neurosexism Create Difference*, New York: W.W. Norton & Company 2010.

aber keinen genetischen Hintergrund. Ähnliches gilt für viele Verhaltensweisen bei uns Menschen. Aus evolutionsbiologischer Sicht ergibt es keinen Sinn, dass kleine Jungs ein genetisch vermitteltes Interesse an Baggern erben. Ein solches Interesse wird erworben durch Nachahmung, durch Beobachtung anderer Kinder und letztendlich durch Konsumprodukte: durch Geschenke, Kleidung, die ersten Bilderbücher.

Kinder sind Detektive, sie sind stets auf der Suche nach den richtigen, den passenden Verhaltensweisen. Durch Imitation lernen sie am besten und schnellsten, was von ihnen als Herdenmitgliedern erwartet wird. Und was für absonderliche Botschaften vermittelt die Spielzeugwerbung den kleinen Menschen? Bei Mädchenspielzeug geht es meist darum, hübsch und glitzernd zu sein, Freundinnen und Ponys zu haben, mit denen man zaubern oder Cupcakes essen kann. Den kleinen Jungs ergeht es auch nicht besser. Da redet eine aggressive Stimme von wilden Kämpfen und krassen Maschinen, mit denen sich irgendwelche Helden mit Superkräften bekämpfen können. Beides vermittelt Rollenvorstellungen und Werte, die nicht nur veraltet, sondern auch im weiteren Leben hinderlich sind. Dass veraltete Rollenvorstellungen nicht von Vorteil sind, ist ein komplexes Thema. Hier nur ein Beispiel von vielen: Jungen sind umso schlechter in der Schule, je ausgeprägter ihre traditionellen Rollenvorstellungen sind. Dies hat eine Studie der Organisation für wirtschaftliche Zusammenarbeit und Entwicklung ergeben.[10]

Die Werber argumentieren damit, das sei eben, was Kinder gern sähen. Doch ist es denn auch, was sie sehen sollten? Wer übernimmt die Verantwortung für die Folgen? Kann

10 OECD, *Equally Prepared for Life? How 15-Year-Old Boys and Girls Perform in School*, OECD Publishing 2009, online verfügbar unter: {https://www.oecd.org/pisa/pisaproducts/42843625.pdf}.

man denn denen, die wollen, dass wir »immer noch mehr haben wollen«, zutrauen, dass sie »das Beste« für die Entwicklung der Kinder möchten? Natürlich sollte man Kindern genau erklären, wie die Tricks der Werbung funktionieren, und ihnen so eine kritische Haltung beibringen. Doch soweit es möglich ist, sollten wir versuchen, Werbung von Kindern fernzuhalten.

Konsum mit Beigeschmack

Neben dem »Haben-Wollen« trägt die Konsumwelt in einer weiteren Art und Weise zu unserem Gefühl eines rumorenden Unbehagens bei, nämlich in Form von dem schlechten Gewissen beim informierten Konsumenten. Selbst diejenigen, die sich nicht aktiv über die Folgen ihres Konsums informieren, hören und lesen in den Nachrichten über die Konsequenzen westlichen Konsums. Im Bereich der Nahrung geht es in erster Linie um das Problem der Massentierhaltung, die als unethisch gegenüber den Tieren einzuordnen ist, die durch enorme Mengen an Treibhausgasen zum Klimawandel beiträgt und die aufgrund der Futterproduktion für die Nutztiere auch noch mit der Abholzung des Regenwaldes in Verbindung steht. Wer auf Fisch umsteigt, sieht sich mit dem Problem konfrontiert, dass er oder sie zur Überfischung der Meere beiträgt. Wer sich entschließt, sich aufgrund all dieser Schwierigkeiten vegetarisch oder vegan zu ernähren, kommt aus der moralischen Klemme trotzdem kaum heraus: Bei Obst aus dem Mittelmeerraum weiß man um die unmenschlichen Arbeitsbedingungen bei der Ernte, bei exotischen Früchten um den klimaschädlichen Ferntransport und bei Soja um die negativen Folgen des Anbaus für den Regenwald. Im Bereich der Kleidungsproduktion beginnt das Dilemma mit dem Anbau der Baumwolle, die viel Feuchtigkeit und Wärme braucht und zum europäischen Konsumenten transportiert werden muss. Dabei verbraucht die Pflanze nicht nur wichtiges Nutzland, sondern auch Wasser. Zudem sterben nach Schätzungen der Weltgesundheitsorganisation jährlich allein im Bereich der Baumwollproduktion bis zu 10 000 Feldarbeiter an den Folgen von Vergiftungen durch Pestizide. Nachdem in Bangladesch und Indien immer wieder Menschen bei Bränden oder Einstürzen von Fabrikgebäuden ums Leben gekommen waren, wurde in den öffentlichen Medien über die entsetzlichen Zustände in den Nähereien berichtet. Hinzu kommt die Problematik der Unmengen von Kleidungsabfällen, die durch die Schnelllebigkeit der Modeindustrie verursacht werden. Der nächstgroße Konsumbereich ist die Kosmetikindustrie. Hier beginnt das schlechte Gefühl beim Kauf von Shampoo, Duschgel und Cremes, in denen Palmöl steckt (wie übrigens auch häufig im Essen), für dessen Produktion ebenfalls der Regenwald gerodet wird, was nicht nur schlimme Folgen für das Klima, sondern auch für alle dort lebenden Wildtiere hat – und unter anderem unsere nahen Verwandten, die Orang-Utans, in starke Bedrängnis bringt. Eine gewisse Verbesserung hat es bei Tierversuchen für das Testen von Kosmetika gegeben. Doch Medikamente werden grundsätzlich an Labortieren entwickelt und getestet, um Erfolg und Sicherheit der Anwendung beim Menschen zu gewährleisten. Vergleichbare Problematiken finden wir eigentlich in allen Bereichen des Konsums: bei Einrichtungsgegenständen, bei elektronischen Geräten, beim Reisen usw.

Sicher kann man als informierter Konsument versuchen, dem Unbehagen folgend anders einzukaufen. Doch selbst das gestaltet sich schwierig: Findet sich nach langem Suchen ein Shampoo ohne Palmöl, enthält es Kokosöl, was nicht wirklich besser ist. Wer statt Fleisch Soja isst, muss sich mit dem

Problem des Sojaanbaus auseinandersetzen. Es gibt Lösungsansätze, und jeder dieser Ansätze hilft ein wenig, das wollen wir nicht leugnen. Beispielsweise versuchen immer mehr Menschen regional und saisonal einzukaufen, so dass Obst und Gemüse nicht erst um die Weltkugel transportiert werden müssen. Trotzdem müssen wir den bitteren Beigeschmack beim Konsum als einen der großen Beiträge zum Unbehagen im Wohlstand betrachten. Denn eins ist klar, durch die Globalisierung der Märkte lässt sich der Produktionsweg eines Produktes und all der Zutaten und Geräte, die für dessen Herstellung notwendig sind, für den Durchschnittskonsumenten unmöglich nachvollziehen. Das bedeutet: Wir können unmöglich ausschließlich moralisch konsumieren.

Gehen wir dem noch mal nach: Sollten wir uns entschließen, als moralisch motivierte Konsumenten nur das zu kaufen, was keinerlei Bedenken hervorruft – und auf diese Weise Einfluss zu nehmen auf die Wirtschaft? Das wäre sicher eine hervorragende Absicht. Nun setzt dieser Entschluss voraus, dass wir uns erst einmal gründlich informieren müssen darüber, was wir kaufen können. Es gibt dafür viele Hilfsmittel, wie eine Übersicht, welche Fische noch nicht gefährdet sind oder welche Kosmetikfirmen auf Tierversuche verzichten. Tatsächlich gibt es ein solches Übermaß an Informationen, dass es eine große Aufgabe darstellt, alle diese Informationen beim Einkauf parat zu haben und sie im richtigen Moment anzuwenden. Hinzu kommen die oft höheren Preise von ökologisch einwandfreien Produkten. So können wir unser schlechtes Gewissen zwar durch den Einkauf von Bio-Bananen etwas beruhigen, doch auf Dauer bleibt das Unbehagen: das nagende Gefühl, dass unser Wohlstand auf Kosten anderer Menschen und auf Kosten der Natur geht. Besonders wichtig ist uns hier der Gedanke, dass es zwar lobenswert ist, wenn Konsumenten sich informieren und ihren Konsum anpassen, dass dies jedoch die meisten Menschen nicht tun – und vor allem: dass wir es von der Masse der Konsumenten nicht erwarten können. Bewussten und moralisch einwandfreien Konsum muss man sich leisten können – nicht nur finanziell, sondern auch zeitlich und kognitiv. Wer im Schichtdienst arbeitet, wer Sorgen im Privatleben hat, wer sich um Kinder oder Eltern kümmern muss, hat nicht die Kapazität, moralisch vertretbar zu konsumieren.

Es dürfte klar geworden sein, dass wir, die moralisch konsumieren möchten, letztendlich die Wirtschaft in die Verantwortung nehmen müssen, da der Durchschnittsbürger keine Möglichkeiten hat, sich über die gesamte Produktionskette aller seiner Konsumgüter zu informieren. Trotzdem wollen wir auf individuelle Alternativen eingehen, denn zwischen ihnen zu wählen steht jedem Einzelnen frei. Damit können wir wahrscheinlich den bitteren Beigeschmack beim Konsum nicht vollends loswerden, doch immerhin können wir einige Schritte in die richtige Richtung machen – und stärken durch das Erleben von Autonomie bei der Konsumentscheidung unser Wohlergehen.

Wer sich die gesamte alltägliche Einkaufswelt vornimmt, wird an seine Grenzen kommen. Um nicht überwältigt zu werden, kann es hilfreich sein, sich erst einmal nur einen Bereich auszusuchen, in dem man bewusster konsumieren möchte. Das ist ein wichtiger Punkt, denn diese Einsicht erfordert die Akzeptanz, dass der eigene Konsum nicht vollkommen moralisch und ökologisch sein kann: Man muss eine gewisse Inkonsequenz im eigenen Handeln und Denken aushalten.

Eine Alternative zum Massenkonsum ist die Bewegung des Minimalismus. Ihre Anhänger praktizieren gezielt Konsumverzicht und reduzieren das alltägliche Gegenstandsgedränge auf ein Minimum. Der Minimalismus erlebt zurzeit einen neuen Aufwind und entwickelt sich vom Aussteigerideal zum gesellschaftstauglichen Lebensstil. Neu ist die Idee des Verzichts allerdings nicht. Der Verzicht auf materielle Güter taucht in vielen Religionen als eine Form der Annäherung an ein sittliches, Gott zugewandtes Leben auf. Auch die griechische Philosophenschulen der Stoiker und der Kyniker propagierten den Verzicht. Letzteren gehörte Diogenes an, von dem folgende bekannte Geschichte existiert: Diogenes lebte in einer Tonne, in ärmlich wirkenden Verhältnissen, eben dem selbstgewählten Verzicht. Nun kam Alexander der Große vorbei und fragte ihn, welchen Wunsch er ihm erfüllen könne. Darauf bat Diogenes lediglich, dass Alexander ihm aus der Sonne gehe.

Der heutige Minimalismus ist gekennzeichnet durch den klaren Wunsch, dem Massenkonsum den Rücken zuzukehren. Insofern erfährt er auch Kritik: Prätentiös sei er, ist zu hören, seine Anhänger wollten sich lediglich von der Masse absetzen. In einer Zeit, in der der ausgiebige Konsum breiten Schichten offensteht, so dass jeder in einer Unzahl von Dingen schwelgen kann, wird der Minimalismus als ein Versuch der gebildeten Oberschicht gesehen, sich abzugrenzen und die moralische Oberhand zu bewahren. Hinzu kommt, dass die minimalistische Bewegung einen gewissen Hang zum Wettbewerb hat und häufig mit medialer Selbstinszenierung Hand in Hand geht. So lässt sich die Zahl der Dinge, die man besitzt, immer weiter verringern. Es existieren zahlreiche Blogs zum Thema Minimalismus, »De-Cluttering« und »Downshifting«, und in sozialen Medien häufen sich Fotos von fast leeren Räumen. Doch ein minimalistischer Lebensstil steht jedem offen, und auch wenn man die genannte Kritik teilt, so ist nicht zu leugnen, dass der Konsumverzicht positive Folgen für Natur, Umwelt und unsere Mitmenschen hat.

Wir müssen auch nicht gleich ins Extrem gehen. Auch wer nicht seinen Hausstand auf hundert Gegenstände reduzieren möchte, kann seinen Konsum verringern. Tatsächlich besitzen wir ja in der Regel bereits all die Dinge, die wir benötigen. Ein guter Ausgangspunkt für weniger Konsum. Ein weiterer Schritt könnte sein, kaputte Dinge zu reparieren, statt sie wegzuwerfen, Löcher zu stopfen, Schuhe zum Schuster zu bringen und Stuhlbeine wieder anzuschrauben. Und wenn doch etwas ersetzt werden muss, so findet sich entweder im Secondhandladen oder auf einer Secondhandplattform im Internet ein guter Ersatz. Auf diese Art und Weise muss nicht einmal komplett auf den Konsum verzichtet werden, sondern es kann mit besserem Gewissen konsumiert werden, ohne dass dafür Dinge neu produziert werden müssten.

In den Bereichen Nahrung und Kosmetik, also bei den Konsumgütern, die verbraucht werden, gestaltet sich dieser Lösungsansatz schwieriger. Wie bereits erwähnt, bietet sich für die Nahrung an, regional und saisonal einzukaufen. Im Bereich Kosmetik hilft der Einkauf im Bio-Laden, doch um den Palmöl- oder Kokosöl-Zusatz kommt man kaum herum. Shampoos und Körperpflege-Produkte lassen sich auch selbst herstellen, der Interessierte findet dafür im Internet zahlreiche Anleitungen. Doch auch hier gilt: All das ist eine Frage der Zeit, des Geldes, der kognitiven Kapazitäten. Für die meisten von uns wird es dabei bleiben, dass wir uns in einem Spannungsfeld der Inkonsequenz bewegen.

3. Die Zumutung, ein Individuum zu sein

Selbstverwirklichung

Individualität ist ein in unserer Gesellschaft hochgeschätzter Wert. »Individuum« bedeutet ursprünglich so viel wie »Unteilbares«. So wird der Ausdruck nicht mehr verstanden, doch der Wortsinn führt an das heran, was man heute unter Individuum versteht. »Individuum« ist die lateinische Übersetzung des griechischen Wortes »átomon«, und die Atome waren nach klassischen Theorien genau jene Elemente, aus denen sich die Materie zusammensetzt: Zerlegt man etwas immer und immer weiter, seien es Organismen oder Steine, kommt man am Ende bei einem Unteilbaren an, eben den Atomen, aus denen sich alles zusammensetzt. Diese Vorstellung schwingt heute noch mit, wenn man den einzelnen Menschen als Individuum bezeichnet: der einzelne Mensch als das letzte Element, aus dem sich unsere Gesellschaft zusammensetzt. Ein Buch des Soziologen und Kulturwissenschaftlers Norbert Elias trägt den Titel *Die Gesellschaft der Individuen*[11] – er meint damit die Gesellschaft, in der wir leben. Mit dieser Auffassung von Gesellschaft setzt sich Elias deutlich von anderen Vorstellungen ab, nach denen eine Mannigfaltigkeit von Menschen als Ganzes ein Kollektiv oder eine Masse sei. Wenn Elias sagt, unsere Gesellschaft setze sich aus Individuen zusammen, dann wird der Einzelmensch als jeweils eine Person gedacht, die etwas für sich und jeweils etwas Besonderes ist.

Dadurch kommt der einzelne Mensch durch die Zumutung, ein Individuum zu sein, unter Druck. Es stellt sich

11 Norbert Elias, *Die Gesellschaft der Individuen*, Frankfurt/M.: Suhrkamp 1991.

nämlich schnell heraus, dass der Ausdruck »Individuum« etwas Normatives hat: Man ist nicht nur einfach etwas Besonderes, sondern man *soll* es auch sein. Individuum zu sein wird als eine Aufgabe begriffen, und diese trägt den Namen »Selbstverwirklichung«.

In älteren Zeiten kannte man den Ausdruck »Original«. Darunter verstand man einen Menschen, der durch seine Biografie und seine Lebensumstände eine unverkennbare, meist skurrile Form gefunden hatte, einen Menschen, der durch verfestigte Eigenschaften und erstarrte Lebensgewohnheiten unverwechselbar geworden war und sich durch seine Besonderheit aus der Menge heraushob. Originale belächelte man. Das Konzept des Originals schien den Erwartungen zu widersprechen, die man an den Menschen stellte. Dieser sollte eher ein *Mann ohne Eigenschaften* (so Robert Musils Fragment gebliebener Großroman) sein.

Das Merkwürdige ist nun, dass sich die Verhältnisse umgekehrt zu haben scheinen. Die heute von der Gesellschaft erwartete Individualität mutet offenbar dem einzelnen Menschen zu, so etwas wie ein Original zu *werden*. Diese Erwartung, einzigartig zu sein, setzt insbesondere jüngere Menschen unter Druck. Ihre Erfahrung ist nämlich oft, dass sie an sich selbst zunächst nichts Besonderes finden. Sie erfahren sich vielmehr als das, was Martin Heidegger das »Man« nennt: Man ist mehr oder weniger wie alle anderen auch, man hört die Musik, die man hört; man kleidet sich so, wie man sich kleidet; man reist zu den Zielen, die gerade »in« sind. Und zunächst folgen die Heranwachsenden in der Regel auch diesen sanften Imperativen des Man. Es ist die Peergroup, die bestimmt, wie man zu sein hat, und man möchte eigentlich auch gar nicht auffallen oder sich abgrenzen, um eben dazuzugehören. Irgendwann aber, nachdem diese Anpassung gelungen ist, entdeckt man die entgegengesetzte Zumutung, ein Individuum zu sein, und entwickelt das Bedürfnis, etwas für sich zu sein, etwas Besonderes, und sich von den anderen zu unterscheiden. Das kann man verstehen als Emanzipation, aber ebenso gut kann man dieses Phänomen mit einem Marketingbegriff benennen: Man wolle ein Alleinstellungsmerkmal haben.

Gegenüber unserer bisherigen Analyse gibt es in der Philosophie seit Hegel ein anderes, erfolgversprechenderes Modell der Selbstverwirklichung. Es findet sich in der Herr-Knecht-Dialektik in der *Phänomenologie des Geistes*. Dort wird dargestellt, dass der Knecht viel eher eine Chance zur Selbstverwirklichung hat als der Herr, der Selbstverwirklichung nämlich durch Anerkennung sucht: Der Knecht – Hegel denkt hier wohl hauptsächlich an Handwerker – kann sich im Werk seiner Hände verwirklichen. Er setzt seine Lebenswirklichkeit – und vielleicht auch sein Geschick und seinen Geschmack – um, indem er einem Gegenstand Form und Funktion verleiht. Der Knecht verwirklicht also, was er als sterbliche Person ist, im bleibenden Werk seiner Hände.

Dieser Darstellung handwerklicher Arbeit hat Karl Marx seinerzeit mit Blick auf die Fabrikarbeit eine radikale Kritik entgegengesetzt: Die Realität der Produktionsverhältnisse – dass nämlich nicht die Arbeiter, sondern die kapitalistischen Unternehmer über die Produktionsmittel verfügen – hat zur Folge, dass das Werk des Arbeiters nicht seines ist. Ganz abgesehen davon, dass Fabrikarbeit keine individuellen Gegenstände mehr produziert, wie das in der handwerklichen Produktion noch der Fall gewesen sein mag. Der Arbeiter hat überhaupt keinen individuellen Bezug mehr zu seinem Werk, weil es nicht ihm gehört und weil er in der maschinellen Produktion nur einen minimalen Teil der Produktion überblickt, nur einen Handgriff tausend Mal wiederholt und nicht die Herstellung des gesamten Produktes übernimmt.

Marx nannte das »Entfremdung«. Der Arbeiter ist durch den Verkauf seiner Arbeitskraft nicht nur deren Ausübung, sondern auch deren Produkt entfremdet.

Diese Analyse ist für industrielle Arbeit überzeugend und dürfte heute auch für einen Großteil der Tätigkeiten im Dienstleistungssektor gelten. Auch hier besteht Arbeit weitgehend darin, standardisierte Leistungen zu erbringen, die nur geringe Teile des Gesamtproduktes abdecken. In gewissen Fällen wissen die Arbeitnehmer nicht einmal, für welches Gesamtprodukt sie tätig sind.

Im Bereich Wissenschaft und Kunst scheint Selbstverwirklichung durch Arbeit noch möglich zu sein. Hier werden die Werke der Arbeitenden, sprich der Wissenschaftler und Künstler, signiert und sie bleiben – wenigstens ideell – Eigentum des Produzenten. Auch wenn sie Warencharakter annehmen und den Besitzer wechseln können, bleibt das Signum erhalten, von wem sie stammen. Aus den so signierten Werken bildet sich für Künstler und Wissenschaftler eine quasi objektive Person: Sie existiert in der Öffentlichkeit durch das Ansehen, das sie als Schöpfer dieser Werke genießt.

Diese Art der Selbstverwirklichung durch Signieren ist im Grunde eine neuzeitliche Errungenschaft – obgleich es diese Praxis in der Antike, beispielsweise in der attischen Vasenmalerei, schon gegeben hat. Noch im Mittelalter verschwanden viele Künstler hinter ihren Werken und wurden dann quasi anonym etwa als »Bamberger Meister« bezeichnet.

Ist Selbstverwirklichung durch Arbeit in diesen Bereichen wirklich möglich? Kämpfe zur Verteidigung des Copyrights, die Anstrengungen, die nötig sind, um die Herstellung angeblich eigener Werke übers Internet durch Copy-and-paste zu verhindern, lassen Zweifel aufkommen, ob auf Dauer durch wissenschaftliche und künstlerische Arbeit noch geistiges Eigentum geschaffen wird. Es ist bezeichnend, dass einer der vergangenen Geistesgrößen souverän sein Werk als kollektives Produkt bezeichnen konnte: Johann Wolfgang Goethe. Über seinen *Faust* sagte er, dieser wäre das Werk eines Kollektivwesens,[12] nämlich von allen, die mit Informationen und Reaktionen geholfen hätten, den Text zu erschaffen. Paradoxerweise war er zugleich einer der ersten Schriftsteller, der für seine Werke – über fürstliches Privileg – ein Copyright durchsetzte.

Für Naturwissenschaftler ist seit Langem klar, dass ihre Arbeit meist Teamarbeit ist. Umso grotesker das Gerangel um die ersten und letzten Plätze in gemeinsamen Veröffentlichungen. Nobelpreisträger sind hier schon lange keine Individuen mehr, allenfalls Chefs von Instituten.

Was bleibt also von der Möglichkeit, sich durch Arbeit zu verwirklichen? Wir müssen noch einer anderen Vorstellung nachgehen, dass nämlich jemand durch das, was er als Berufskompetenz lernt, etwas Bestimmtes wird. Man lernt den Beruf des Konditors – und damit ist man Konditor. Ein Leben lang? Durch diese Frage zeigt sich schnell, dass Selbstverwirklichung durch Erlernen eines Berufes ein traditionaler –

12 »Was bin ich selbst? Was habe ich getan? Ich habe all das gesammelt, nutzbar gemacht, was ich gehört, beobachtet habe. Meine Werke sind genährt durch Tausende von verschiedenen Einzelwesen, von Dummköpfen und von Weisen, von geistreichen Menschen und von Narren. Die Kindheit, die Reifezeit und das Alter, sie alle haben mir ihre Gedanken, ihre Fähigkeiten, ihre Seinsweise angeboten, ich habe oft die Ernte eingebracht, für die andere gesät hatten. Mein Werk ist das eines Kollektivwesens, und es trägt den Namen Goethe.« (*Goethes Gespräche. Eine Sammlung zeitgenössischer Berichte aus seinem Umgang, auf Grund der Ausgabe und des Nachlasses von Woldomar Freiherrn von Biedermann*, ergänzt und herausgegeben von Wolfgang Herwig, Bd. 3.2, Zürich und Stuttgart: Artemis 1972, S. 839).

kein moderner – Gedanke ist. Das war noch die gute alte Zeit, in der man auf die Frage, was man ist, antworten konnte: Bäuerin, Bäcker, Pfarrer. Die Lebensverhältnisse ändern sich inzwischen derart schnell, dass man sich auf dem Arbeitsmarkt nur durch Mobilität, Anpassungsfähigkeit und lebenslanges Lernen halten kann. Der fortschrittliche Klang dieser Worte, ihre Modernität, verdeckt, dass sie dem Einzelnen nahelegen, dass er nicht lebenslang derselbe oder dieselbe sein sollte, dass er keine Erwartungen an substanzielles Sein hegen sollte. Man muss bereit sein, im Laufe seines Lebens verschiedene Berufe auszuüben und ausüben zu können – erst dadurch wird man Erwerbstätiger im modernen Sinne: In beruflicher Arbeit persönliche Erfüllung zu suchen ist unzeitgemäß, Berufe als Berufung zu suchen ist eine Illusion. Der Zweck beruflicher Tätigkeit ist Erwerb zur Sicherung – und durchaus auch zur Verbesserung – der Lebensgrundlagen. Der Berufstätige wird zum »Job-Holder« – mit Selbstverwirklichung hat das also gar nichts zu tun.

Werden wir in dem legitimen Bedürfnis, uns selbst zu verwirklichen, wieder auf den Konsum zurückverwiesen? Das Streben nach Selbstverwirklichung findet sich in Konsumstrategien wieder: Wir versuchen, einen ganz individuellen Geschmack auszubilden und diesem durch individuelle Vorlieben für bestimmte Waren, Marken, Farben oder Formen Ausdruck zu verleihen. Der Philosoph und Unternehmensberater Ziad Mahayni hat gezeigt, wie vergeblich die Versuche sind, Selbstverwirklichung durch Konsum zu erreichen.[13] Jede individuelle Vorliebe, die man glaubt zu entwickeln, entspricht einer Mode, und entsprechend schnell findet man

13 Ziad Mahayni, »Individualität und Konsum«, in: Gernot Böhme und Ute Gahlings (Hg.), *Wie lebt es sich in unserer Gesellschaft?*, Bielefeld: Aisthesis Verlag 2015, S. 57-78.

sich wieder in einem Kollektiv, dem man entkommen wollte. Kurz: Selbstverwirklichung gerät zum heillosen Stress.

Dagegen wollen wir fragen: Wieso muss ein Selbst überhaupt verwirklicht werden? Der Begriff »Selbstverwirklichung« impliziert, dass das Selbst zunächst nur als Möglichkeit verstanden wird, als vage Unbestimmtheit, in der man sich selbst gegeben ist. Man möchte nicht so unbestimmt bleiben, man möchte das, was man ahnt, auch wirklich *sein*. Um das volle Potenzial zu erreichen, soll das mögliche Selbst aktiv verwirklicht werden. Dieser Gedanke entspricht einer Auffassung von Sein, nach der nur das existiert, was objektiv vorhanden ist und von den anderen gesehen und anerkannt wird. Der Philosoph Jean-Paul Sartre hatte in diesem Sinne davon gesprochen, dass das Für-sich-Sein (»Ich bin etwas für mich«) danach drängt, objektiv und von den anderen anerkannt zu sein. Insofern geraten unsere Versuche zur Selbstverwirklichung schnell zur reinen Selbst*darstellung*, gefördert durch unzählbare Möglichkeiten, gesehen und von anderen Menschen in dem, wie man sich zeigt, gemocht zu werden. In den sozialen Medien bedeutet dies dann: möglichst viele Likes zu erhalten. Das Bestreben, wirklich zu sein, also objektiv und im Blick der anderen als eine bestimmte Person gesehen zu werden, sucht und findet also paradoxerweise im Virtuellen Befriedigung.

Tatsächlich lässt sich fragen, ob die Identität und der Wunsch zu wissen, »wer ich bin«, nicht überbewertet wird. Zwar haben wir meist ein klares Bild von uns selbst und können sagen: »Ich verhalte mich normalerweise so« oder »Ich bin normalerweise so«, doch ob wir tatsächlich in einer bestimmten Situation dementsprechend handeln und fühlen würden, hängt von vielen Variablen ab: ob wir uns in einer privaten Situation befinden, ob im Kreis der Familie, unter Freunden oder in einer Arbeitssituation. Die verschiedenen

Rollen, die wir in unserem täglichen Leben einnehmen, geben uns auch unterschiedliche Eigenschaften. Eine Stabilität unserer Identität ist somit nicht nur über die Dauer des Lebens nicht plausibel, vielmehr vereinen wir zu jedem Zeitpunkt unterschiedliche und oft gegensätzliche Verhaltensweisen und Eigenschaften. Vermutlich sind wir deshalb erstaunlich schlecht darin, uns selbst richtig zu beschreiben, und enden beim Versuch dessen meist eher bei einer Beschreibung, wie wir gerne wären, nicht aber wie wir sind.

Unsere bisherige Beschreibung des Wunsches nach Selbstverwirklichung ist vielleicht noch zu freundlich. Denn befriedigende Selbstverwirklichung setzt voraus, dass man innerlich vage irgendwie schon spürt, wer man selbst ist. Dieses Sich-Spüren würde eine brauchbare Leitlinie für die Selbstverwirklichung abgeben. Viele Menschen meinen allerdings, sie müssten durch Selbstverwirklichung das Selbst überhaupt erst hervorbringen. Sie haben kein Gespür für Selbstgegebenheit, keine innere Ahnung von sich beziehungsweise sie überspielen sie durch die Orientierung an anderen. Es gibt für diese Erfahrung in der Literatur ein schönes und durchaus paradoxes Beispiel. In seinen sogenannten »Rönne-Texten« schildert Gottfried Benn einen Arzt, der sich nach Feierabend im Kasino neben seinen militärischen Kollegen immer wie ein Nichts vorkommt.[14] Deshalb beschließt er, sich eine Eigenschaft zuzulegen, durch die er im Kreis der Kameraden etwas Besonderes darstellt und – wie er hofft – deren Achtung als Individuum gewinnt. Er legt sich während einer Urlaubszeit eine Marotte zu, eine Art Tick: Er wischt sich unwillkürlich mit der Hand übers Auge. Er gerät dadurch in die paradoxe Situation, dass er, der eigentlich ein

14 Gottfried Benn, »Diesterweg«, in: ders., *Prosa und Szenen*, Stuttgart: Limes 1962, S. 62-71.

moderner Mensch ist, dessen Existenz darin besteht, zu funktionieren, durch einen absichtlichen Tick sich als etwas Besonderes, als ein Individuum überhaupt erst gerieren muss.

Wir finden denselben Gedanken von Selbstverwirklichung als bewusster Selbstinszenierung, aber nun ganz ernsthaft, bei Michel Foucault. Für ihn läuft die Sorge um sich darauf hinaus, dass man sein Leben als Kunstwerk gestalten soll. Was man ist, gerät dadurch zu etwas Künstlichem, das nicht mehr durch ein tieferes und immer vage gespürtes Selbst gestützt wird, sondern in dem besteht, wie man sich gibt, wie man auftritt, was man schreibt. Auch diese Auffassung entspricht den Grundstrukturen unserer Gesellschaft, die als Leistungs- und Konsumgesellschaft kapitalistisch organisiert ist. Selbstverwirklichung bedeutet in diesem Zusammenhang, dass man ein »Image« aufbaut.

Gegenüber diesen zweifelhaften und verzweifelten Versuchen, sich selbst zu verwirklichen, wollen wir daran erinnern, dass unser Selbstsein nicht darin zu finden ist, wie man sich gibt und wie andere uns sehen, sondern viel früher und fundamentaler in der Betroffenheit: In der Erfahrung »Das geht mich an, es geht jetzt um mich« erlebt jeder von uns sich selbst als schlechthin unvertretbar und damit einzigartig.

Von dieser Art ist die Elementarerfahrung des Schmerzes. Auch andere mögen Schmerzen haben, doch wenn ich Schmerzen habe, so bin ich mir im Schmerz unvertretbar gegeben. Diese Erfahrung betroffener Selbstgegebenheit findet sich nicht nur in so fundamentalen und leiblichen Erfahrungen wie dem Schmerz. Sie findet sich auch in der Erfahrung von Beleidigung oder des Verlustes einer mir liebgewordenen Sache. Solche Erfahrungen ernst zu nehmen vermittelt die Erkenntnis, dass es für das Selbstsein nicht darauf ankommt, dass ich mit irgendwelchen Eigenschaften etwas Besonderes bin. Was immer ich bin, sei es ein Mann oder eine Frau, ein

Soldat oder eine Literatin: Die Qualität des Selbst erhalten diese Eigenschaften nicht durch ihre Besonderheit, sondern durch mein Beteiligtsein, durch meine Involviertheit in sie. Ich mag in vielem so sein wie andere, zu meinem Selbst jedoch gehört nur das, was mir wichtig ist, und das, in dem ich deshalb auch verletzlich bin.

Das Selbst liegt daher auch nicht irgendwo draußen, es ist nicht außerhalb von mir zu finden, wie die Ideologie der Selbstverwirklichung es will, es liegt nicht im Sichtbaren und Objektiven, sondern quasi in der Tiefe von mir selbst. Es ist nicht etwas, was machbar ist oder gemacht werden kann, eben durch Selbstverwirklichung. Es besteht vielmehr darin, wie ich mir selbst gegeben bin. Auch dieses Selbst bedarf der Selbstsorge, wie sie gewöhnlich in Selbstverwirklichung investiert wird, und zwar weil die Weise und die Inhalte, durch die ich mir selbst gegeben bin, in unserem auf Handlung und Leistung ausgerichteten Leben in der Regel überspielt werden.

Beides, die Strategie der Selbstverwirklichung und das Aufspüren, wie ich mir selbst gegeben bin, wird von manchen Ratgebern versöhnt durch den Spruch »Werde, was du bist«. Diese Formel unterstellt, dass das eigentliche Ziel der Selbstverwirklichung in dem liegen müsste, was man in der eigenen Tiefe als sich selbst empfindet. Damit kann man sich auf Goethe beziehen, aber eigentlich auf Aristoteles, nämlich auf den Begriff »Entelechie«. Dieser besagt so viel wie, dass man das eigentliche Ziel bereits in sich trägt – allerdings dumpf und unentfaltet, wie ein Schmetterling bereits in der Raupe enthalten ist. Das ist ein schöner Gedanke, doch man hat den Eindruck, dass er eigentlich nur für besondere Menschen von Nutzen ist. Solche, die spüren, dass sie eine Bestimmung haben, beispielsweise Musikerin oder Schriftsteller zu werden. Dieser Gedanke verführt wieder dazu, zu denken, dass es im Selbstsein letztlich doch darauf ankommt, *was* man ist. Doch es kommt, um es noch einmal zu betonen, auf die betroffene Selbstgegebenheit an, nicht so sehr auf die Inhalte, sondern darauf, in welcher Weise man in diese Inhalte involviert ist. Insofern geht es bei der Suche nach dem tieferen Selbst weniger um eine spezifische Begabung, sondern um die Herkunft aus einer Familie, einer Kultur, um die Muttersprache, um den eigenen Leib und die Leiblichkeit, um die eigene Kindheit und um die Biografie, die bereits hinter einem liegt.

Betrachtet man diese Gründe des Selbst genauer, fällt auf, dass das heute verbreitete Streben nach Selbstverwirklichung geradezu eine Flucht vor diesen Hintergründen ist, aus denen man sich selbst empfängt oder empfangen hat. Das ist kein Wunder, wird doch der jugendliche Aufbruch zum Selbstsein in der Regel als ein Hinter-sich-Lassen, eine Abkehr von der Familie, und durchaus auch von der Geschichte des Volkes, dem man entstammt, verstanden. Die emphatische Rede von Emanzipation bringt das gut zum Ausdruck. Dieser Ausdruck, der aus dem römischen Recht stammt (wörtlich: »aus der Hand entlassen werden«, nämlich aus der Hand des Vaters), bedeutete, dass das heranwachsende Kind aus der Obhut, vor allem aber aus der Herrschaft des Vaterhauses entlassen wurde – in die Freiheit! Von daher das Verständnis, Selbst zu sein bedeute vor allem, alles hinter sich zu lassen, aus dem heraus ich mir selbst gegeben bin.

Wir wollen diese Bewegung des Aufbruchs nicht unterschätzen oder gar schlechtmachen. Nur führt sie durch die Geste des Alles-hinter-sich-Lassens möglicherweise in die Bodenlosigkeit und den verzweifelten Versuch, das, was man zurücklässt, mit irgendetwas Neuem zu füllen – nur mit was? Ein sicheres Selbstbewusstsein wird auf diesem Wege jedenfalls nicht erreicht. Vielmehr wird die Erscheinung, in der man sich verwirklicht, allzu oft durch die Moden überholt, oder es kommt zu einer hoffnungslosen Steigerungsspirale.

Demgegenüber führt die Suche nach dem Selbst *in sich* zu einem stabilen Selbstbewusstsein. Geht es doch darin gerade um Bestände, die unverlierbar zu einem gehören, weil man sich selbst darin gegeben ist. Hierbei denken wir zuerst an das minimale, das leibliche Selbst: die frühste und direkteste Selbstwahrnehmung geschieht als ebendieses Körper-Selbst. Wenn andere mich berühren, spüre ich mich dadurch selbst, meinen persönlichen Bereich und die Grenzen meines Leibes. Diese Wahrnehmung des leiblichen Selbst wird teils vermittelt durch die Erfahrung, meinen eigenen Körper als den meinen zu spüren und somit auch die Unterscheidung zwischen »Selbst« und »Nicht-Selbst« treffen zu können. So entsteht das minimale Selbst auch bereits in der Interaktion mit seiner Umwelt, in der Wahrnehmung der eigenen Grenzen sowie dem Erkennen des Vorhandenseins des Nicht-Selbsts. Unsere tagtägliche Selbstwahrnehmung geht indes weit über dieses minimale, rein leibliche Selbst hinaus. Das zeigt sich schon daran, dass der eigene Körper als der eigene erfahren wird durch die Betroffenheit durch das, was ihm geschieht. Von hier ausgehend hat der Philosoph Hermann Schmitz das, worum es uns hier geht, als »persönliche Situation« bezeichnet.[15] Zur persönlichen Situation gehört nach seiner Definition alles das, wovon ich mich nicht ohne Schmerzen trennen kann. Diese Definition hat den Vorteil, dass man die Bestände des Selbst nicht unbedingt als konstant ansehen muss. Auf der einen Seite nämlich schließt die Formulierung ein, dass man sich von Teilen dieser Bestände sehr wohl tren-

15 Hermann Schmitz, *Konstellationen und Situationen. Wider die Ideologie der totalen Vernetzung*, Freiburg: Alber 2006.

nen kann – so etwa, wenn man einen Familienangehörigen, der sich in verbrecherische Unternehmen verstrickt hat, ablehnen muss –, gleichwohl spürt man aber eben vor allem durch den Trennungsschmerz, dass das, was man verlässt, doch irgendwie zu einem gehört.

Auf der anderen Seite, und das ist vielleicht noch wichtiger, kann das Selbst auch Zuwachs durch persönliches Engagement bekommen. Wir können eine Sache, eine Bestrebung zu der unsrigen machen, indem wir uns auf diese einlassen und uns mit wirklichem Einsatz einbringen. So kann beispielsweise das Engagement in der Friedensbewegung oder das Annehmen einer ökologischen Lebensweise unser Selbst um neue Rollen oder neue Identitätsaspekte erweitern. Damit zeichnet sich eine Möglichkeit zu einer positiven Umsetzung der Selbstverwirklichung ab. Wir können etwas dafür tun, uns selbst zu verwirklichen oder, besser gesagt: unser Selbst zu erweitern, zu vergrößern, zu formen – und außerhalb unseres Jobs und nicht in verzweifelter Suche über Konsum und Selbstdarstellung, sondern im persönlichen Engagement. Das heißt, dass wir offen und bereit sein müssen, uns betreffen zu lassen, auch in Bereichen, in denen wir uns ursprünglich nicht selbst gegeben sind.

Liebe und Individualismus

»Glücklich allein / ist die Seele die liebt«, so Goethe.[16] Liebe zur Familie, Freunden, vor allem aber zu einem Partner spielt eine entscheidende Rolle bei der Frage, wie wir Glück und Zufriedenheit, wie wir psychisches Wohlergehen errei-

16 Das Lied Clärchens aus *Egmont* (Johann Wolfgang Goethe, *Egmont*, Frankfurt/M.: Deutscher Klassiker Verlag 2008, S. 504).

chen. Unsere Beziehungen bilden die Grundlage für unser Gefühl von Sicherheit und Verbundenheit mit unseren Mitmenschen und der Gesellschaft. Wenn wir nicht glauben, etwas in der Gesamtgesellschaft verändern zu können, wollen wir umso entschiedener im Kleinen, in unserem eigenen sozialen Kreis beginnen. Dafür benötigen wir stabile Beziehungen. Wie verhält es sich damit?

Nach wie vor herrscht eine Ideologie der »großen Liebe« und des einen, perfekten Partners vor (»Jeder Topf findet seinen Deckel!« – aber eben nur den einen). Ratgeberartikel und Bände, wie diese große Liebe denn nun zu finden sei, erscheinen ständig neu und immer wieder – genauso wie Bücher voll mit Tipps zum Beenden einer Beziehung, zum Umgang mit Trennung, zum Neuanfang. Einerseits enden die meisten romantischen Filme nach wie vor mit einer Hochzeit, andererseits weiß jeder, dass inzwischen jede zweite oder dritte Ehe geschieden wird, dass fast jeder und jede Zweite schon fremdgegangen ist und noch mehr Menschen zumindest gelegentlich erwägen, den eigenen Partner zu betrügen. Ein großes Paradox unserer Zeit: Fast jeder sehnt sich nach Liebe, Partnerschaft und Unterstützung, nach Stabilität in diesem flüchtigen, schnellen Leben. Und es scheint gleichzeitig immer schwerer zu werden, eine beruhigte Beziehung zu verwirklichen.

Vielleicht steht ja gerade die Ideologie der »großen Liebe« im Weg, wenn es darum geht, eine langfristige und stabile Partnerschaft aufzubauen. Denn das Angebot beziehungsweise die Fülle von möglichen Partnern führt zu einer ewigen Suche nach »der/dem Richtigen«. Onlineportale und Apps erleichtern zwar einerseits die Partnersuche, doch erschweren sie es auch, eine Beziehung auf feste Füße zu stellen. So gibt man in Anbetracht der Fülle verfügbarer Alternativen schon bei kleinen Uneinigkeiten auf – oder vielleicht gerade aufgrund dieser Fülle, aus Angst, den »Besseren« oder die »Bessere« zu verpassen. Derselbe psychologische Mechanismus wie beim Einkaufen ist auch bei der Partnersuche am Werk: Je größer die Auswahlmöglichkeiten sind, desto unzufriedener ist der Mensch mit seiner Wahl. Während Onlineportale versuchen, die große Liebe durch ein perfektes »Match« herzustellen, indem Charaktereigenschaften und Vorlieben mit Hilfe geheim gehaltener Formeln kombiniert werden, zeigt die Forschung: Es kommt überhaupt nicht so sehr darauf an, wer man ist und wer der Partner ist, welche Eigenschaften und Vorstellungen man hat. Zufriedenheit in der Partnerbeziehung gründet sich in der Beziehung selbst: Wie viel Arbeit beide Partner investieren, wie gut sie kommunizieren, wie sehr sie sich gegenseitig unterstützen und Kompromisse finden.

Dazu kommt der hohe Stellenwert des Individualismus in unserer Gesellschaft. Dies bedeutet nicht nur, dass jeder sich als ein Individuum wahrnimmt und als solches wahrgenommen wird, sondern auch, dass dies besonders zelebriert wird. Zwar ist jeder von Natur aus ein einzigartiger Mensch, denn schließlich unterscheiden wir uns nicht nur genetisch, sondern auch durch all die Erfahrungen, die wir im Leben machen und die jeden individuell prägen und formen. Doch Individualismus bedeutet auch, dass wir versuchen, dieses Einzigartigsein noch weiter zu betonen. Dies können wir als eine positive Entwicklung bewerten, da sie es dem Einzelnen erlaubt, sich von strikten gesellschaftlichen Normen zu entfernen und ein eigenes Lebenskonzept zu entwerfen. Doch gleichzeitig erschwert die hohe Wertschätzung der Besonderheiten jeder einzelnen Person es auch, Kompromisse zu finden, sich auf einen anderen einzulassen, sich anzupassen. Paradoxerweise wird dies in Beziehungsratgebern häufig unterstützt, Eigenheiten sollten ausgelebt, ja sogar kultiviert werden. »Lass dich nicht verbiegen«, »Du bist perfekt, so wie du bist«, »Sei du selbst«, »Finde jemanden, der dich genau so will, wie du bist« – solche oft gehörten Sätze bilden die Grundlage für eine Beziehungskultur, in der jeder Partner die eigenen Interessen durchsetzen will und die persönlichen Eigenheiten über die Beziehungsharmonie stellt.

Die Vorteile dieser Entwicklung liegen auf der Hand: So muss man sich nicht mehr mit einer lieblosen Ehe abfinden, muss sich in seiner Lebensweise nicht mehr so stark nach gesellschaftlichen Vorgaben richten und so lassen sich leichter Gleichgesinnte für seltene Lebensvorstellungen und Vorlieben finden. Problematisch werden diese Fülle an Möglichkeiten und das Beharren auf Eigenheiten, wenn sie dazu führen, dass soziale Beziehungen, allen voran Liebesbeziehungen, immer kurzlebiger und unverbindlicher werden.

Evolutionsbiologisch gesehen ist der Mensch ein Herdentier. Die Zusammensetzung einer Herde ist zwar veränderlich beziehungsweise dynamisch, doch über einen längeren Zeitraum relativ stabil. Der Ausschluss aus der Herde wäre für unsere Vorfahren lebensbedrohlich gewesen. Auch heute noch nehmen die Familie und der Freundeskreis einen hohen Stellenwert im Leben der meisten Menschen ein. Der Verlust enger sozialer Beziehungen führt zu einer Stressreaktion und zu existenziellen Ängsten. Tatsächlich ist die Bezeichnung von Liebeskummer als Herzschmerz recht wörtlich zu nehmen: Soziale Ausgrenzung aktiviert im Gehirn dasselbe Netzwerk wie körperlicher Schmerz. Diese beiden Empfindungen ähneln sich also auch physiologisch. Zur Reaktion des Körpers auf soziale Ausgrenzung gehört beispielsweise die Ausschüttung von Stresshormonen wie Cortisol. Auch aus evolutionsbiologischer Sicht muss es für den Menschen als Herdentier notwendig gewesen sein, auf soziale Ausgrenzung mit einer starken und schnellen Reaktion zu reagieren.

Denn ohne die Herdenzugehörigkeit war das Überleben für unsere Vorfahren in der Wildnis schwierig, ja unmöglich.

Was bedeutet dies für unser Wohlergehen? Wenn uns unsere Gesundheit und unser psychisches Wohlergehen wichtig sind, dann dürfen wir unsere sozialen Beziehungen nicht vernachlässigen. Sowohl für die Seele als auch für den Körper hat soziale Isolation negative Folgen: Einsamkeit hängt mit einem höheren Risiko für Depression und Erkrankungen des Herz-Kreislauf-Systems zusammen und hat einen negativen Einfluss auf die kognitive Leistungsfähigkeit, auf Schlaf und allgemeines Wohlergehen. Daraus folgt: Stabilen und langfristigen Beziehungen sollte der höchste Stellenwert eingeräumt werden. Das heißt nicht, dass jeder in einer klassischen Mann-Frau-Zweierbeziehung Erfüllung finden muss. Es existieren viele Modelle, wie man dieses System öffnen oder verändern kann.

In unserer Kultur, die nach wie vor stark von religiösen Wertvorstellungen, von patriarchalen Denkmustern und von romantischen Hollywoodfilmen geformt wird, ist es schwer, sich von dem Wunsch zu verabschieden, der eine und einzig begehrte Mensch für einen anderen zu sein. Vor allem da diese Verhaltensmuster und Vorstellungen von klein auf erlernt werden: Schon im Kindergarten werden die bekannten Märchen vorgelesen, die meist mit der Rettung einer Prinzessin durch einen Prinzen enden, der sie einmal gesehen hat und sofort so verliebt war, dass es gleich zur Hochzeit kommen muss. Dabei muss die romantische Verliebtheit nicht die Grundlage einer Beziehung sein – möglicherweise sollte sie es gar nicht sein. Solidarität, Empathie und verlässliche Freundschaft sind als Basis dauerhafter Partnerbeziehung eher geeignet. Sich von der Vorstellung einer ewig währenden, ewig romantischen großen Liebe zu lösen kann uns ermöglichen, Stabilität in unsere Beziehungen zu bringen, indem nämlich Veränderungen von einem romantischen Liebesverhältnis hin zu einer Freundschaft – und auch wieder zurück – möglich werden. Eine Liebesbeziehung muss nicht eine romantische Schicksalsfügung, sie kann auch eine Solidargemeinschaft sein, für die man sich bewusst entscheidet. Menschen in langen Beziehungen sprechen meist nicht darüber, dass sie füreinander bestimmt sind. Sie berichten, dass sie offen und ehrlich miteinander über ihre Wünsche und Sorgen sprechen.

Manchmal geht diese Offenheit so weit, auch darüber zu sprechen, wenn sich einer der Partner in einen anderen verliebt. Das kann zu Verletzungen führen, doch vermeidet es Heimlichkeiten und daraus entstehende Vertrauensbrüche. Die Frage, ob Liebe und Treue zusammengehören, führt schnell zu der Frage, ob denn Liebe und Anziehung dasselbe oder etwas Ähnliches sind oder gar völlig voneinander verschieden. Ob Hirnforschung da weiterhelfen kann? Ein neurowissenschaftlicher Vergleich zwischen Liebe und sexueller Anziehung zeigt, dass sich die involvierten Regionen, die in bildgebenden Studien gefunden wurden, ähneln. Genauer gesagt, bauen die Aktivierungsmuster, die mit »Liebe« assoziiert sind, auf die der sexuellen Anziehung auf, nutzen also dieselben Netzwerke, scheinen aber noch weitere Regionen zu involvieren.

Bevor wir diese Ergebnisse jedoch als bare Münze nehmen, sollten wir uns verdeutlichen, was im Einzelnen untersucht wurde. Es stellt eine ziemliche experimentelle Herausforderung dar, ein Gefühl wie gegenseitige Anziehung oder gar Liebe in der engen Röhre eines MRT-Scanners hervorzurufen. Meist werden Bilder der begehrten oder geliebten Personen gezeigt, und die Versuchsteilnehmer werden dazu angehalten, sich auf ihr warmes Gefühl für diese Person zu konzentrieren. Um hieraus statistisch auswertbare Daten zu erlangen, muss dieses Gefühl jedoch nicht nur einmal, sondern viele Male hintereinander hervorgerufen werden – am besten auch noch im Wechsel mit der Präsentation von neutralen Bildern oder Bildern von Vergleichspersonen wie engen Freunden.

Letztendlich wissen wir also nicht ganz genau, was da eigentlich untersucht wird, wenn einer Versuchsperson im MRT-Scanner Bilder einer geliebten Person gezeigt werden. Indem die geliebte Person von einem Foto vertreten wird, setzen die Forscher bei dem Design ihrer Studie voraus, dass sich das Gefühl »Liebe« durch ein Foto auch tatsächlich verlässlich hervorrufen lässt. Doch selbst wenn unser geliebter Partner sich im selben Raum mit uns befindet, spüren wir nicht immer Liebe. Manchmal spüren wir Zufriedenheit, manchmal Ärger oder manchmal rein gar nichts in Bezug auf die andere Person. Die intensiv empfundene Liebe ist nicht immer präsent. Wie könnte man sie dann mit Treffsicherheit durch Fotografien des Partners in einem MRT-Scanner auslösen?

Wenn wir nun trotz dieser Kritik davon ausgehen, dass die hier gemessenen Aktivitäten des Gehirns etwas mit Anziehung und Liebe zu tun haben, bleibt die Interpretation offen. Die Autoren dieser Studie schlagen vor, Anziehung und Liebe als verschiedene Enden desselben emotionalen Spektrums zu interpretieren. Liebe baue also auf Anziehung auf. Doch dass diese beiden Gefühle auch tatsächlich voneinander abhängen, ist damit noch lange nicht gesagt: Nicht aus jeder Anziehungskraft muss Liebe entstehen. Genauso wenig basiert jedes Gefühl von Liebe auf sexueller Anziehung.

Rein biologisch gesehen ist der Mensch vermutlich kein monogames Tier. Ein wichtiger und an sich kaum in Zweifel zu ziehender Punkt, doch auch ein häufig als Ausrede benutztes Argument für Faulheiten und mangelnde Impulskontrolle. Denn der Mensch muss nicht seinen biologischen Instinkten folgen, im Gegenteil. Tagtäglich unterdrücken wir biologische Instinkte und Bedürfnisse. Kultur und gesellschaftliche Normen haben einen vermutlich mindestens ebenso großen Einfluss auf unser Verhalten wie unsere Biologie.[17] Ob wir uns nun die Wut über einen Kollegen oder unsere körperlichen Notwendigkeiten und Bedürfnisse während eines Meetings unterdrücken, es fällt uns meist nicht schwer, uns »kultiviert« zu verhalten. Im selben Sinne ist es zwar ganz natürlich und normal, sich hin und wieder für einen neuen Menschen zu begeistern. Doch niemand ist durch seine biologischen Triebe unrettbar gezwungen, diesem Gefühl auch Handlungen folgen zu lassen. Jeder trägt die Verantwortung für sein Handeln. In den meisten Fällen entpuppt sich das Verliebtheitsgefühl sowieso als Traumblase. Wir neigen dazu, auf einen Unbekannten unsere Idealvorstellungen und unerfüllten Bedürfnisse zu projizieren.

Wie wichtig Treue ist, muss letztendlich jedes Paar selbst entscheiden. Eine Beziehung auf Ehrlichkeit, Offenheit und Solidarität zu gründen und weniger auf leibliche Treue mag für manche Paare sinnvoll sein. Trotzdem müssen wir das Konzept der Monogamie nicht gleich über Bord werfen, weil es vielleicht gerade hip und modern ist, in einer nichtklassischen Mann-Frau-Zweierbeziehung zu leben. Wir sollten auf unsere Bedürfnisse hören und gleichzeitig immer wieder offen sein für die Möglichkeit, unser Beziehungsmuster an veränderte Bedürfnisse anzupassen, um so unsere langjährige stabile Partnerschaft zu erhalten. Denn der Erhalt einer dauerhaften Partnerschaft hat viele Vorteile: Die po-

17 Letztendlich kann man auch unser kulturell geprägtes Verhalten als »natürlich« einordnen, da die Ergebnisse frühkindlicher Sozialisation von dem Betroffenen schlicht als gegeben, also wie »von Natur« erfahren werden.

sitiven Effekte reichen von psychischer Stabilität, Wohlergehen und Resilienz über erhöhte Produktivität bis hin zur Stärkung unseres Immunsystems. Wer mit einem Partner zusammenlebt, leidet seltener an Einsamkeit und Berührungsmangel, ist weniger stressanfällig und hat ein stärkeres Immunsystem.

Langjährige monogame Partnerschaften werden offenbar durch physiologische Prozesse unterstützt: Im Rahmen einer Studie konnten Forscher beobachten, dass das Ansehen von Bildern des langjährigen romantischen Partners zu einer stärkeren Aktivierung von Belohnungs- und Bindungsregionen im Gehirn führte als das Ansehen von Bildern eines Freundes. Diese Aktivierung des Belohnungssystems lässt sich auch bei frisch Verliebten nachweisen, die der Bindungsregionen allerdings nicht. Letztere sind eher aus der Eltern-Kind-Bindung bekannt. Die Aktivierung von Regionen, die mit Belohnungsverarbeitung zusammenhängen, legen den Schluss nahe, dass lang anhaltende Liebesbeziehungen eben doch evolutionsbiologisch sinnvoll sind, ja sogar, dass sie gebraucht werden. So führt das Zusammensein mit der geliebten Person zu einem ähnlichen Aktivierungsmuster im Gehirn wie ein primäres Belohnungsmittel (zum Beispiel Nahrung). Die Aktivität dieser Neurone verstärkt das Verhalten, das das belohnende Gefühl hervorgerufen hat. Der Reiz, sei es nun ein Busch, an dem besonders gute Beeren wachsen, sei es der geliebte Partner, wird wieder und wieder aufgesucht. Menschen, die in langjährigen Beziehungen leben, haben mehr Oxytocin im Körper. Oxytocin ist bekannt als das Liebes- oder Bindungshormon. Es stärkt die Eltern-Kind-Bindung und die Partnerschaft, wird bei der Geburt, beim Stillen, beim Kuscheln und beim Sex ausgeschüttet. Doch Oxytocin stärkt nicht nur die Beziehung, sondern auch das Immunsystem und die psychische Widerstandsfähigkeit. Ein weiterer Hinweis, dass langjährige Beziehungen vorteilhaft sind und von unserer Biologie unterstützt werden.

Nicht jeder lässt sich scheiden, und die, die in langjährigen Beziehungen leben, sind nicht zwangsläufig gelangweilt. Laut einer Studie empfinden dreißig bis vierzig Prozent der Befragten, die länger als zehn Jahre verheiratet waren, noch intensive Verliebtheitsgefühle für den Partner. Was diese erfolgreichen, glücklichen Paare von anderen, unzufriedenen Verbindungen unterscheidet, kann uns einen Hinweis darauf geben, wie wir eine dauerhafte, positive Partnerschaft verwirklichen können. Diese und andere Studien belegen: Besonders wichtig für ein Zusammengehörigkeitsgefühl ist es, gemeinsam neue Erfahrungen zu machen. Dies stärkt Verbundenheit, beugt Langeweile vor und schafft neue, geteilte Erinnerungen. Diese »neuen Erfahrungen« müssen nicht unbedingt positiv sein. Sicher ist ein gemeinsamer Bungee-Sprung ein kleines Abenteuer, doch zusammen eine Krise zu meistern und sich neuen Herausforderungen im Alltag zu stellen, kann noch stärker verbinden. Auch Tätigkeiten im Alltag gemeinsam zu verrichten ist gut für das Gefühl von Gemeinschaft. Gegenseitiger Respekt, solidarisches und verlässliches Verhalten und Offenheit stärken das gegenseitige Vertrauen und ebenso regelmäßig (positiv) an den anderen zu denken, diese Gedanken und Gefühle auch auszusprechen, das heißt dem anderen seine Wertschätzung zu zeigen, wie auch regelmäßiges Kuscheln und Intimität mit dem Partner. Und letztlich: zu verstehen, dass es nicht den einen perfekten Partner gibt, sondern dass eine Liebe überhaupt erst durch Kommunikation, Kompromisse, Geduld und Loyalität entsteht.

Es lohnt sich, wenn wir uns auch bei gelegentlichen Zweifeln vor Augen führen, dass es sich mit der Liebe ähnlich verhält wie mit dem Glücksgefühl: Wir können nicht ständig in einem Taumel der höchsten Gefühle leben. Das Gehirn ist auf Balance ausgerichtet – was nicht bedeutet, dass nach Störungen sich die intensiven Gefühle nicht auch wiedereinstellen können, sogar immer wieder für ein und dieselbe Person. Wenn es sich eine Zeit lang nach lauwarmem Dahingeplätscher anfühlt, womöglich nach Langeweile, dann muss das kein Grund sein, eine Beziehung zu beenden und einen neuen Menschen zu suchen, der einen vervollständigen soll. In stabile und kontinuierliche Beziehungen zu investieren stärkt das Wohlergehen und schwächt das Unbehagen, das sich in Einsamkeit oder ständigem Partnerwechsel einstellt.

Freizeit = Leistungszeit?

Die freie Zeit – Zeit, die nicht durch Arbeit und familiäre oder haushaltliche Verpflichtungen belegt ist – hat einen Wandel erlebt. Während früher der Feierabend oft durch das Bier vorm Fernseher symbolisiert wurde, haben wir heute »höhere Ansprüche« an unsere Freizeit: Sie soll Erholung bieten, doch gleichzeitig Erlebnisse, Kultur, Sport und Möglichkeiten zur Selbstverwirklichung. So ist auch die Freizeit zur Leistungszeit geworden. Urlaub zu Hause, der normale Fernsehabend, das Wochenende daheim mit der Familie, natürlich machen wir das auch. Doch oft mit einem unguten Gefühl, mit einem scheelen Blick auf den Thailand-Urlaub der Bekannten, mit schlechtem Gewissen, wenn wir fernsehen, statt zum Sportkurs zu gehen, oder wenn unsere Kinder Cartoons gucken, statt im Zeichenkurs, Kindertheater oder in der musikalischen Früherziehung zu sein. Auch hier wieder: der Druck zu leisten und der Druck sich selbst zu stilisieren und zu verwirklichen.

Selbst Bereiche, die der Erholung und Entspannung dienen sollten, werden auf einmal mit Stress assoziiert. Das liegt zum Teil an dem Übermaß von Konsummöglichkeiten, zum Teil an der ständigen Verfügbarkeit von Kommunikation. Was sich hier ursprünglich als Erleichterung darstellte, ist zum Stressfaktor geworden: In der Bahn liest und beantwortet man seine E-Mails, anstatt den Blick über die vorüberziehende Landschaft schweifen zu lassen. Beim Joggen telefoniert man. Wartezeiten, die einem die Chance zum entspannten Dösen oder gar zur Meditation gäben, vernichtet man im Blick auf ein Display und – wenn es keine Nachrichten gibt – gebannt durch digitale Spiele.

Und dann der Urlaub: In manchen Ohren mag das Wort noch andeuten, dass man mit Urlaub in die Freiheit entlassen sei, zeitweise von Pflichten entbunden (mittelhochdeutsch bedeutet es den erlaubten Abschied vom Hofe). Inzwischen ist der Urlaub jedoch ebenfalls zu etwas geworden, das geleistet werden muss. In jedem Fall gilt es, irgendwohin zu fahren oder hinzufliegen. Nahziele fallen einem dabei gar nicht erst ein, und »Urlaub auf Balkonien« klingt irgendwie ärmlich und langweilig. Und dann unterwegs: Welche Sehenswürdigkeiten muss man abarbeiten, an welchen Orten gewesen sein, welche Attraktionen erlebt haben? Freilich: Zum Sehen und zum Erleben kommt es dabei kaum. Dazu ist gar keine Zeit, es bleibt beim Fotografieren und »Teilen«. Was nicht auf sozialen Medien mit der Weltöffentlichkeit geteilt wird, scheint kaum mehr als echte Erfahrung zu gelten. Allenfalls kann man noch ein Video mit nach Hause bringen, um es dann »in Ruhe« anzuschauen.

Das alles will wohlorganisiert sein – und bei der Ferne der Ziele gerät der Urlaub zum Stress. Der Deutsche Gewerkschaftsbund hat deshalb den Rat herausgegeben, den Urlaub einen Tag vor Wiederbeginn der Arbeit enden zu lassen, um sich vom Urlaub zu erholen.

Was hat sich geändert? Soziale Medien präsentieren die Freizeit anderer, oft auch unserer Freunde verzerrt. Wir sehen Urlaubsfotos von der Thailand-Reise und können mit unseren Bildern von den ungereiften Tomaten auf dem Balkon nicht mithalten. Die Nutzung sozialer Medien führt häufig nicht dazu, dass wir uns besser und mehr mit unseren Freunden verbunden fühlen, sondern löst Neid und ungute Gefühle auf Freunde oder Fremde aus. Studien zeigen, dass sich Nutzer nach dem Durchscrollen ihrer diversen Social-Media-Feeds oft schlechter fühlen als vorher.[18] Der Grund dafür ist, dass die sozialen Medien ein Zerrbild der Wirklichkeit vermitteln, so dass sich das eigene Leben dagegen immer schal anfühlt. Besonders der passive Konsum, der voyeuristische Blick in das Leben der anderen verstärkt Gefühle wie Neid und Unzufriedenheit. Doch auch wer aktiv Bilder aus seinem Leben teilt, selbst wenn sie von einer Fernreise stammen, erfährt wenig Befriedigung. Denn nun überprüft man stündlich, wie viele Likes die Bilder bekommen haben, welche Freunde keinen Kommentar hinterlassen haben, oder vergleicht den eigenen Instagram-Account mit anderen, die Zehntausende Follower vorweisen können. Und wieder kommt Neid auf.

Ebenso wie der Urlaub sind Wellness und Gesundheit zu einem neuen Leistungsbereich geworden. Gerade die neue Achtsamkeitsbewegung, die uns ja eigentlich helfen wollte, erzeugt oft ein weiteres Leistungsverhalten: nicht Achtsamkeit als etwas, das man seinem Leben hinzugibt, sondern als ein Paket aus Yoga, Mindfulness-Training, veganer Ernäh-

18 Hanna Krasnova, Helena Wenninger, Thomas Widjaja und Peter Buxmann, »Envy on Facebook: A Hidden Threat to Users' Life Satisfaction?«, 2013, online verfügbar unter: {https://www.researchgate.net/publication/256712913_Envy_on_Facebook_A_Hidden_Threat_to_Users%27_Life_Satisfaction}.

rung, Retreats, Minimalismus. Auch hier wieder etwas, wo man mithalten muss. Es ist interessant, sich den historischen Hintergrund des Konzeptes »Wellness« genauer anzusehen. Die Idee stammt aus den fünfziger Jahren. In den USA wurde Wellness als neues Gesundheitsmodell entwickelt, das die eigenverantwortliche Förderung der Gesundheit in den Vordergrund stellt. Die geforderte Eigenverantwortung kann durchaus kritisch betrachtet werden. In einem gesellschaftlichen System, das der Gesundheit schadet, durch zu lange Arbeitszeiten, sitzend vor dem Bildschirm, oder durch Zuckerzusätze zum Essen, in solch einem System wird nun der Einzelne dafür verantwortlich gemacht, seine Gesundheit – und damit natürlich für die Wirtschaft vor allem seine Arbeitskraft – zu erhalten. Anstatt das System besser an die gesundheitlichen Bedürfnisse der Menschen anzupassen, artgerechter zu gestalten, soll nun jeder Einzelne den negativen Konsequenzen von Stress, Zucker und zu viel Sitzen entgegenwirken. Inzwischen geht es sogar so weit, dass diejenigen, die sich dem widersetzen, indirekt bestraft werden. Natürlich nur indirekt, alles andere wäre ja Diskriminierung. So erhalten die Sportmuffel bei den Krankenkassen keine »Gesundheitsprämie«.

Bei Wellness-Programmen handelt es sich meist nur um ein krampfhaftes Gegenhalten und Ausgleichen. Die wirklich gesundheitsschädigenden Faktoren in unserer Lebenswelt bleiben unverändert. Autogenes Training gegen Stress bei der Arbeit – denn Stress bei der Arbeit lässt sich scheinbar nicht reduzieren. Drei Mal die Woche ins Fitnessstudio – denn ein aktiverer Lebensstil scheint unmöglich. Regelmäßige Achtsamkeit-Retreats als Ausgleich für ein nichtachtsames Leben. Eine Woche Heilfasten – um all die Giftstoffe, die man sonst zu sich nimmt, wieder loszuwerden. Doch leider sind diese kleinen Gegenmaßnahmen nicht so effektiv, wie eine tatsächliche Veränderung des Lebensstils es wäre. Das beste Beispiel hierfür ist der Sport: Zu viel zu sitzen ist nachweislich schlecht für die Gesundheit. Und zwar nicht nur für das Herz-Kreislauf-System und weil es zu Übergewicht führt, sondern auch für die Stimmung. In zahlreichen Studien konnte ein Zusammenhang von schlechter Stimmung bis hin zur Depression mit zu geringer körperlicher Aktivität nachgewiesen werden. Doch es genügt eben nicht, zwei Mal die Woche für eine halbe Stunde ins Fitnessstudio zu gehen. Ein passiver Lebensstil lässt sich nicht durch kurzzeitige Aktivitätsschübe ausgleichen. Um die gesundheitsschädlichen Konsequenzen von achtstündigem Sitzen auszugleichen, müsste man sich jeden Tag mindestens eine Stunde richtig auspowern.

Wellness in Form von Spa- und Entspannungsurlaub hat eine ähnliche Konnotation. Man gönnt sich etwas, was man wirklich verdient hat nach all dem Stress im Alltag. Man lässt es sich mal richtig gut gehen. Einige Stunden im Spa-Bad sind ja auch wirklich schön und entspannend. Doch auch hier mischt sich rasch das Unbehagen der Konsumwelt mit dem unguten Gefühl, dass sich ja sonst nichts an dem Alltagsstress ändert. Man sitzt im Whirlpool und ist in Gedanken schon wieder mit Sorgen beim nächsten Meeting. Es sollte klargeworden sein, dass Wellness keine wirkliche Freizeit ist, sondern Gesundheitsarbeit, die wir leisten müssen, um den negativen gesundheitlichen Konsequenzen unseres Lebensstils entgegenzuwirken. Da die meisten von uns leider nicht in der Position sind, ihre Arbeitsbedingungen zu ändern, bleiben wir weiterhin auf Wellness angewiesen. Doch sollten wir uns zusätzlich wirkliche *Freizeit* gönnen, in der wir einfach machen, wozu wir Lust haben – oder gar nichts tun und bloß unseren Gedanken nachhängen.

Nicht nur für die arbeitende Bevölkerung, sondern sogar in der Kindererziehung hat sich der Freizeitstress breitgemacht.

Das beginnt im Babyalter, in der sich die neuen Eltern kaum vor Kursangeboten retten können: Babymassage, Babyschwimmen, Pekip, Sport mit Baby (damit die Mama schnell wieder ihren »Pre-Baby-Body« hat), Babybrei-Kochkurse ... Kaum sind die Kleinen auf den eigenen Füßen unterwegs, warten schon Musikkurse, Sportkurse oder Sprachkurse. Vor allem in den Großstädten gibt es jedes Wochenende ein Angebot von Kultur bis Sport, das die frühe Förderung verspricht. Das freie Spiel, Zeiten, in denen Kinder sich einfach langweilen und selbst etwas ausdenken müssen, sind rar geworden. Vor allem seit Tablets und Smartphones eine Dauerunterhaltung versprechen. Da kann keine Langeweile aufkommen.

Um es überspitzt zu sagen: Kinder befinden sich heute in einem Spannungsverhältnis zwischen ständiger Förderung und medialer Überstimulation. Das führt dazu, dass sie nicht lernen, sich selbst zu beschäftigen, sich selbst zu genügen, mit sich allein zu sein und zur Ruhe zu kommen. Dabei braucht das Gehirn nach Phasen der Stimulation auch Phasen der Ruhe, in denen das Erlernte sich setzen kann. Kinder verarbeiten oft ihre Erfahrungen im Spiel, doch wenn ein freies Spiel kaum mehr zustande kommt, wenn alles nur noch unter Anleitung erfolgt, dann können Erfahrungen nicht richtig eingeordnet werden. Kinder, die unter Überstimulation leiden, entwickeln Verhaltensauffälligkeiten: von Einschlafproblemen bis hin zu Aufmerksamkeitsstörungen und Problemen in der sozialen Interaktion. Hierbei spielt auch eine Rolle, dass in der behüteten Situation von Sportkursen oder musikalischer Früherziehung selten echte Grenzen erfahren werden. Wenn man von der Kletterwand fällt, landet man ganz weich auf dem Mattenboden. Da gibt es nicht den kleinsten blauen Fleck. Wer hingegen versucht, auf einen Baum zu klettern, und es nicht schafft oder sich dabei Kratzer und blaue Flecken zuzieht, erfährt echte Konsequenzen. Kinder brauchen die »Echtheit« von Erlebnissen, um ihre eigenen Grenzen und die Grenzen anderer kennenzulernen. So gern wir Eltern unsere Kleinen vor allem Negativen schützen wollen, letztendlich lernen und wachsen sie an Herausforderungen. Wie wir selbst eine Balance finden müssen zwischen der Achtsamkeit-Wellness-Kultur und der Entspannung mit dem Feierabendbier vor dem sinnlosen Abendfernsehprogramm, genauso brauchen auch unsere Kinder neben intellektueller Förderung einfach die Möglichkeit, in ihrem Spiel zu versinken – selbst wenn das etwas ist, was uns Erwachsenen »sinnlos« erscheint. Es gilt, Spannungen und Widersprüche auszuhalten und das Leistungsdenken aus der Freizeit und der Kindererziehung zumindest teilweise herauszuhalten.

IV.
Wohlstand mit Nebenwirkungen

1. Wie lebt es sich im sozialen Netz?

Armut in der Wohlstandsgesellschaft

Dass wir in Deutschland tatsächlich in einer Wohlstandsgesellschaft leben, werden wir als Teilnehmer eines solchen Lebens gerne zugeben. Mit Blick auf andere Gesellschaften in der Welt, aber vor allem aus anderen Ländern beobachtet erscheint die Bundesrepublik so. Für viele der zu uns strebenden Flüchtlinge mag sie als ein Paradies erscheinen. Deutschland als die größere Schweiz: Sauberkeit, Ordnung, Zuverlässigkeit und Rechtssicherheit. Überhaupt das Erscheinungsbild: Es ist geprägt durch eine Ästhetisierung des Realen, es herrscht »Hochglanz-Kapitalismus«. Es gibt keine »richtigen« Slums, man wird verhältnismäßig wenig von Bettlern angegangen. Denen gibt man aber in der Regel nichts, denn man hat ja »immer schon gespendet«. Was ursprünglich alltägliche Fürsorge war für die Armen an der Kirchentür oder auch die Armen, die als Klientel zum großbürgerlichen Hause gehörten, hat sich inzwischen erübrigt. Über die Steuern hat man das Seinige schon getan, und darüber hinaus wird das Gewissen beruhigt durch Spenden wie für die Weihnachtssammlungen der großen Kirchen und natürlich für die Betroffenen der mehrmals jährlich auftretenden großen Naturkatastrophen. Die Deutschen gelten als spendenfreudig. Aber wohlgemerkt, das sind in der Regel keine persönlichen Hilfeleistungen, sondern eine über Institutionen organisierte Charity.

Der allergrößte Anteil der sozialen Hilfeleistungen ist jedoch staatlich und geht über den Sozialhaushalt des Bundes (siehe unten). Und das ist nötig, und das ist gut so. Heute ist der Haushalt des Ministeriums für Arbeit und Soziales der bei Weitem größte innerhalb der Bundesausgaben – er macht ca. dreißig Prozent aus.[1] Kaum noch auszudenken, dass über lange Perioden der Geschichte der Bundesrepublik Deutschland der Verteidigungshaushalt den größten Posten des Staatsbudgets bildete.

Als »soziales Netz« verstehen wir hier die Mannigfaltigkeit der öffentlichen Leistungen, die den einzelnen Menschen – und die Familie, für die er verantwortlich ist – davor bewahren, »aus der Gesellschaft herauszufallen«. Was das bedeuten würde, können wir uns heute gerade wegen der Existenz des sozialen Netzes nicht vorstellen – selbst die Obdachlosen hängen noch im sozialen Netz. Aus der Gesellschaft herausfallen wäre bei indigenen Gesellschaften mit Tod gleichzusetzen, im christlichen Mittelalter mit Ächtung und Verbannung. Eine solche Reduktion des Menschen auf das »nackte Leben« ist in einer Gesellschaft wie der unseren, die auf die Menschenrechte verpflichtet ist, nicht möglich: Es ist in unserer Gesellschaft nicht möglich, jemanden aller Rechte zu entkleiden. Die Gesellschaft bleibt auch für den völlig Mittellosen verantwortlich, der wie alle im Rahmen der Menschenrechte der sogenannten zweiten Generation ein Recht auf Wohnraum, ein Recht auf soziale Sicherheit, ein Recht auf angemessene Ernährung usw. hat. Das soziale Netz repräsentiert die Gesamtheit all jener Maßnahmen, durch die die Gesellschaft diese Fürsorgepflicht wahrnimmt, beziehungsweise umgekehrt die Mannigfaltigkeit der mögli-

1 Georg Cremer, *Deutschland ist gerechter, als wir meinen. Eine Bestandsaufnahme*, München: C.H. Beck 2018.

chen Ansprüche, die ein Mensch, der in Not geraten ist, stellen kann. Die Netz-Metapher spielt auf diese Mannigfaltigkeit an. Sie enthält zugleich die Möglichkeit, dass man eben doch durch die Maschen fallen könnte, wenn es einem nicht gelingt, die notwendigen Stränge und Halteseile zu aktivieren. Wenn zum Beispiel Wohnungslose Leistungen nicht in Anspruch nehmen können, da sie keine feste Adresse haben.

Für die Einschätzung der Gesellschaft, in der wir leben, bedeutet die Existenz des sozialen Netzes, dass diese Gesellschaft nicht bloß über Arbeit und Konsum zusammenhängt, vielmehr ist sie eine Solidargemeinschaft. Fürst Bismarck konzipierte als Reichskanzler das Netz als Maßnahme zur Stabilisierung gesellschaftlicher Macht- und Eigentumsverhältnisse – also als Abwehr von Sozialismus und Revolution. Arbeitslosen-, Kranken- und Rentenversicherung waren seine Erfindungen. Sie waren zunächst finanziert durch die Organisation der Betroffenen untereinander, wurden aber mehr und mehr durch Aktivierung staatlicher, über Steuern bereitgestellter Mittel zu einer Sache der Gesellschaft im Ganzen.

Heute sind zu den genannten eine große Zahl weiterer Hilfsstränge getreten, wie die Pflegeversicherung, das Kindergeld, das Wohnungs- und Heizungsgeld, die Prozesskostenhilfe, das Baukindergeld und viele andere Möglichkeiten bis hin zur Privatinsolvenz. Hinzu kommen die nichtstaatlichen Unterstützungen durch die karitativen Verbände und Kirchen, ehrenamtliche Dienste wie zum Beispiel Hospize und die Betreuung von Dementen – bis hin zur Tafel. Ein vielfach gewirktes Netz – wirklich großartig, niemand muss in ein schwarzes Loch fallen.

Im Bundeshaushalt des Jahres 2019 sind ca. 145 Milliarden Euro als Ausgaben des Ministeriums für Arbeit und Soziales ausgewiesen. Warum sind diese ungeheuren Ausgaben für Soziales nötig? Warum ist es in einer Gesellschaft, die sich selbst als Wohlstandsgesellschaft versteht und fühlt, nötig, so ungeheure Ausgaben für soziale Zwecke zu tätigen? Zwar fließt ein Großteil dieser Sozialausgaben in Versicherungsaufwendungen, aber eben auch ein stets wachsender Anteil in die Sozialhilfe. Dies ist gemeinsam mit der steigenden Anzahl derjenigen, die an oder unter der Armutsgrenze leben (2019 waren dies 15,9 Prozent, ein neuer Höchstwert), ein Indikator dafür, dass ein sehr großer Anteil der Bevölkerung »an sich« nicht am Wohlstand partizipiert beziehungsweise dass die betroffenen Menschen durch staatliche Maßnahmen »künstlich« von der Wohlstandswelle mitgenommen werden müssen. Damit der Gesamteindruck einer Wohlstandsgesellschaft nicht getrübt wird, muss dafür gesorgt werden, dass dieser benachteiligte Anteil der Bevölkerung irgendwie auf einem ansehnlichen Konsumniveau gehalten wird.

Denn »an sich« geht mit dem wachsenden Kapitalismus die Einkommensschere zwischen Arm und Reich immer weiter auseinander. Das bedeutet: Der Unterschied zwischen den Vermögenden und den Nichtvermögenden wird größer. Und es bedeutet inzwischen, dass man sein Einkommen viel besser durch Kapitalbesitz erzielt als durch Erwerbsarbeit. Was sich als Wohlstandsgesellschaft gibt, ist im Grunde eine höchst ungerechte Gesellschaft. Daher muss beständig durch Sozialpolitik gegengesteuert werden. Man kann das auch so sehen: Das Bild, dass wir im Ganzen in einer Wohlstandsgesellschaft leben, darf keine Flecken bekommen, und es soll ein Bewusstsein erhalten bleiben, das den sozialen Frieden trägt.

Dass aber gerade Letzterer ständig bedroht ist, sieht man daran, dass das Thema Armut periodisch immer wieder in den Medien aufflammt, mit der und gegen die Politik diskutiert wird. Da ist zunächst das Thema Altersarmut, Armut trotz lebenslanger Einzahlungen in die Versicherungssysteme. Die abschlagsfreie Rentenzahlung ab 63 Jahren setzt voraus, dass 45 Jahre in die Rentenkasse eingezahlt wurde. Doch wer kann eine solche Zeitspanne rentenversicherungspflichtiger Arbeitsjahre in einer Zeit aufweisen, in der die Arbeitskarriere aufgrund von Umbrüchen im Berufsleben, verlängerter oder wiederholt nötiger Ausbildungszeit, Zeiten der Nichtbeschäftigung bei fast allen keine Kontinuität aufweist? Dann das Thema Kinderarmut: Trotz politischer Anstrengungen ist es nicht gelungen zu verhindern, dass Kinder in Familien als Einschränkung des Wohlstandes erfahren werden. Hinzu kommt eine wichtige Tatsache für das Problem der Kinderarmut: Familien in den sozial schlechter gestellten Schichten haben mehr Kinder, wie auch Familien aus anderen Kulturkreisen. Was weltweit als Hoffnung bezeichnet werden kann, nämlich dass durch Hebung des Konsumniveaus und durch Organisierung der Gesellschaft als Leistungsgesellschaft die Kinderzahl abnimmt, ist innerhalb eines Nationalstaates ein Problem, weil dadurch zahlreiche Kinder unter den Armen zu finden sind.

Und schließlich das Prekariat: Dieser Ausdruck, der ursprünglich ein beschönigender Begriff aus den Reihen der Sozialdemokratie war, um den Ausdruck »Proletariat« zu vermeiden, ist durchaus sinnvoll: weil er nämlich kein Klassenbegriff mehr ist und außerdem »schwierige Lebensverhältnisse« über das Phänomen mangelnder Erwerbseinkommen hinaus ausdehnt. Beim Prekariat handelt es sich nicht nur um die Arbeitslosen und die Geringverdienenden, sondern auch um all diejenigen, die in unsicheren Arbeitsverhältnissen oder Scheinselbstständigkeit leben, sowie diejenigen, die durch zu geringes Einkommen in der Durchführung ihres sonstigen Lebens in Schwierigkeiten geraten.

Das soziale Netz ist nämlich alles andere als eine Hängematte, in der man sich im Vertrauen auf Vater Staat und mit geringen Ansprüchen zufrieden einrichten kann.[2] Die staatliche Sozialpolitik will den Eindruck erzeugen, dass es »Arme« bei uns eigentlich gar nicht gibt. Das war besonders auffällig bei einer Äußerung des aktuellen Gesundheitsministers Jens Spahn, nach der Hartz IV nicht Armut bedeute.[3] Tatsächlich wird die Sozialhilfe im Sinne von Hartz IV als »Grundsicherung für Arbeitssuchende« definiert. Das impliziert erstens, dass an ihre Auszahlung die Voraussetzung gebunden ist, dass der Empfänger Arbeit sucht. Von »sich ausruhen in der Hängematte« kann also keine Rede sein (von Einzelfällen abgesehen). Vielmehr muss man in festgelegten Abständen immer wieder bei den Arbeitsagenturen auftauchen, um nach offenen Stellen zu suchen, und ist gezwungen, nach einiger Zeit auch solche Angebote anzunehmen, die nicht der eigenen Qualifikation entsprechen.

Das impliziert zweitens eine gewisse Präsenzpflicht. Das geht so weit, dass die Arbeitslosen, »wenn sie verreisen wollen«, sich dafür bei der für sie zuständigen Arbeitsagentur Urlaub erbitten müssen. Die Arbeitslosen werden also weiterhin zur Erwerbsbevölkerung gerechnet – quasi als Erwerbsbevölkerung im Wartestand (Karl Marx nannte das die »industrielle Reservearmee«). Den Zustand geduldeten Müßigganges oder des »Privatmannes« gibt es in unserer, sich immer noch als Arbeitsgesellschaft verstehenden Gesellschaft nicht.

2 Siehe dazu Böhme/Gahlings (Hg.), *Wie lebt es sich in unserer Gesellschaft?*, Bielefeld: Aisthesis Verlag 2015, »Einleitung«, S. 7-18.

3 Diese Äußerung von Jens Spahn ist unter anderem dokumentiert in: Philipp Neumann, »Deutscher Sozialstaat im Fokus – Reicht Hartz IV zum Leben?«, in: *Berliner Morgenpost* (20. März 2019), online verfügbar unter: {https://www.morgenpost.de/politik/article213705535/Deutscher-Sozialstaat-im-Fokus-Reicht-Hartz-IV-zum-Leben.html}.

Wer mindestens zwei Jahre in die Arbeitslosenversicherung eingezahlt hat, erhält, wenn er unverschuldet seinen Job verliert, zunächst für ein Jahr das Arbeitslosengeld I, und das macht sechzig bis siebzig Prozent seines ursprünglichen Einkommens aus. Das bedeutet also bereits einen nennenswerten Einschnitt in seinen »Wohlstand« und soll wohl auch die Motivation fördern, sich wieder Arbeit zu suchen. Der eigentliche Einschnitt liegt aber am Ende des ersten Jahres, denn danach erhält der Arbeitslose nur noch das Arbeitslosengeld II, das, wie schon erwähnt, nach Hartz IV nur eine Grundsicherung ausmacht, und zwar unabhängig von dem zuvor erreichten Lebensniveau. Der Ausdruck »Grundsicherung« impliziert, dass dieser Zustand eigentlich nicht stabil ist, weil es an *allem und jedem* mangelt. Zunächst wird unterstellt, dass dem so In-Not-Geratenen auch von nahestehenden Personen, primär der eigenen Familie, geholfen wird. Diese Unterstellung kann sogar zur justiziablen werden, nämlich die möglichen Ansprüche, die der In-Not-Geratene an staatliche Hilfe stellen darf, einschränken. Das ist aber unklar und ein möglichst bedeckt gehaltenes Gelände, weil diese Unterstellung gewissen sogenannten Grundwerten unserer Gesellschaft widerspricht, hier speziell dem Wert des Individuums: dass der Einzelmensch in seinen Rechten als unabhängig von seinen sozialen Bindungen angesehen werden muss. Einleuchtender ist schon die Bestimmung, dass jemand keine oder zumindest eingeschränkte Ansprüche auf soziale Hilfeleistungen hat, wenn er selbst über eigenes Vermögen verfügt.

Staatliche Sozialhilfe zu erhalten setzt ein hohes Maß an Informiertheit und Durchsetzungsvermögen voraus – um nicht zu sagen: Bildung. In der Regel kann sich der Betroffene ohne professionelle Hilfe in den vielfältigen Strängen des sozialen Netzes nicht orientieren. Das hat auch damit zu tun, dass die Adressaten für weitere Ansprüche durchaus verschiedene Ämter sein können. Hinzu kommt, dass, um die vielen verschiedenen Leistungen, die eigentlich ein Recht sind, wirklich in Anspruch nehmen zu können, eine gewisse Geschicklichkeit erforderlich ist: Man muss Formulare ausfüllen können und den digitalen Umgang mit Behörden beherrschen. In welche Kalamitäten man dabei hineingeraten kann, demonstriert in ergreifender Form der englische Film *I, Daniel Blake*, der die Geschichte eines Langzeitarbeitslosen und Herzkranken erzählt, dem es nicht gelingt, die ihm zustehende Hilfe abzurufen, nicht nur, weil er die nötigen Geräte – zum Beispiel einen PC mit Internetanschluss – nicht hat, sondern auch, weil er als ehemaliger Tischler nicht über die entsprechenden digitalen Fähigkeiten verfügt.

Als Beispiel für diese Art der prekären Existenz wird immer die teilzeitbeschäftigte, alleinerziehende Mutter angeführt. Es lohnt sich deshalb, an ihrem Beispiel der Frage nachzugehen, wie es sich im sozialen Netz lebt. Wir lassen eine Betroffene zu Wort kommen:

> Man braucht auf jeden Fall die Fähigkeit, alle seine Dokumente jederzeit geordnet und verfügbar zu halten, einen eigenen Drucker, um die geforderten Dokumente jederzeit einreichen zu können, ein erhebliches Durchhaltevermögen, um die unaufhörlichen Nachforderungen irgendwelcher Belege immer wieder bedienen zu können, im Zweifel einen Anwalt, wenn die Ämter sich gegenseitig für unzuständig erklären oder wechselseitig den Beleg des anderen Amtes zur Voraussetzung für die eigene Bearbeitung machen. Letztendlich muss man oftmals doch im Familienkreis oder bei dubiosen Geldgebern Unterstützung erbitten, um die monatelange Durststrecke bis zur Bewilligung überbrücken zu können. Außerdem braucht man ein hervorragendes Terminmanagement, denn alle Leistungen erlöschen stillschweigend zu verschiedenen Terminen, wenn sie nicht fristgerecht neu beantragt werden. Hier stellt sich die Frage, ob die Bürokratie nicht eine Art von Selektion darstellt: Nur wer das alles bewältigt, im Grunde also über eine Qualifikation verfügt, die für eine Bürotätigkeit genügen würde, kann alle Sozialleistungen nutzen. Das sind aber Personen, die ohnehin keine schlechten Chancen haben, langfristig wirtschaftlich wieder auf eigenen Beinen

zu stehen. Wer weniger bürokratieaffin ist, ist es offenbar nicht wert, die volle staatliche Unterstützung zu erhalten.

Es drängt sich der Eindruck auf, dass es sich beim Ausfüllen von Antragsformularen und dem Beibringen von Belegen um eine Art Ersatzarbeit handeln soll. Ohne Arbeit gibt es keinen Lohn, ohne Antragsarbeit keine Sozialleistungen. Besonders bei Geringverdienern führt die Antragsarbeit zu erheblichen Zeitproblemen, weil neben den Stunden in der Erwerbstätigkeit noch die Antragsarbeitsstunden geleistet werden müssen, was dann besonders bei Familien mit Kindern kaum mehr möglich ist, wodurch Fristen verpasst werden beziehungsweise Fristverlängerungen wiederholt erbeten werden müssen. Hier kommt es darauf an, ausgesprochen sozialkompetent mit den Sachbearbeitern der Ämter zu kommunizieren, um sie gewogen zu stimmen. Die dafür nötigen Kompetenzen sind eben die, die auch in Bewerbungsprozessen entscheidend sind, so dass die hier Erfolgreichen ohnehin die sind, die nicht auf Dauer im sozialen Netz leben werden. Die wirklich dauerhaft Hilfsbedürftigen haben jedoch kaum eine Chance. Geringfügig Erwerbstätige, die auf zusätzliche Unterstützung angewiesen sind, gewinnen so den Eindruck, dass sie besser zurechtkommen würden, wenn sie die Erwerbstätigkeit aufgeben würden und sich ganz und gar auf die Antragsarbeit konzentrieren könnten.

Möglicherweise ist der Sozialleistungsdschungel nicht bewusst so kompliziert gemacht worden, sondern »historisch gewachsen«. Eine Rodung des Dschungels wäre durch die Einführung eines bedingungslosen Grundeinkommens möglich. Durch die dadurch mögliche Abschaffung aller mit sozialen Leistungen befassten Ämter (bis auf eines, das das Grundeinkommen auszahlt) würden erhebliche Gelder frei werden. Die soziale Stigmatisierung und ständige Konfrontation mit der eigenen Unfähigkeit beziehungsweise Hilfsbedürftigkeit und die Notwendigkeit eines komplett gläsernen Lebens für die derzeitigen Empfänger von Sozialleistungen würde wegfallen. Das würde auch neue Energien zu einem Selbstvertrauen freisetzen, das dazu helfen könnte, die eigene Situation auch aus eigener Kraft wieder zu verbessern.[4]

4 In einer Erhebung aus dem Jahr 2016 gaben 82 Prozent der Befragten an, auch dann weiter zur Arbeit gehen zu wollen, wenn sie genug Geld hätten. Kritischer allerdings fiel die Beurteilung der Arbeitswilligkeit der Mitmenschen aus: 50 Prozent der Befragten gingen davon aus, dass die meisten Menschen nicht mehr arbeiten würden, wenn sie ein bedingungsloses Grundeinkommen bezögen. Siehe

Was sind also die über Hartz IV hinausgehenden weiteren sozialen Leistungen, die in Anspruch genommen werden könnten? Da ist zunächst einmal die im engeren Sinne als Sozialhilfe bezeichnete Leistung, die etwa einem Geringverdienenden auch einen Teilanspruch auf Hartz IV sichert. Dann gibt es das Wohngeld und das Heizungsgeld – Kategorien, die zeigen, dass Hartz IV quasi die Grundsicherung für Obdachlose ist und dass man für die Mehrbelastungen der Lebensführung, die eigentlich zum normalen Leben gehören wie Wohnung und Heizung, zusätzliche Mittel benötigt und auch in Anspruch nehmen kann. Ferner können Eltern, die Hartz IV oder sonstige Sozialleistungen beziehen, auch mit einer Unterstützung bei den Kosten für Kitaplätze rechnen, sofern es in dem fraglichen Bundesland einen Elternanteil solcher Kosten gibt; entsprechend können sie auch mit einer Unterstützung bei der Bezahlung einer Tagesmutter rechnen, wenn die Beschäftigung der Mutter eine Kinderbetreuung außerhalb der Kitazeiten verlangt. Ferner können alleinerziehende Mütter von dem Land, in dem sie leben, einen sogenannten Unterhaltskostenvorschuss erhalten, wenn der an sich unterhaltspflichtige Vater dieser Kinder die von ihm geforderten Leistungen nicht erbringen kann oder will. Schließlich können in »Not geratene Personen« bei Rechtshändeln, in die sie teils zur Wahrnehmung ihrer Ansprüche, teils aber auch überhaupt wegen ihrer prekären Lebensverhältnisse geraten, vor Gericht die Prozesskostenhilfe in Anspruch nehmen, das heißt von Anwalts- und Prozesskosten entlastet werden.

»Neue Umfrage: Deutschland will Grundeinkommen!« (7. Juni 2016), online verfügbar unter: {https://www.mein-grundeinkommen.de/magazin/neue-umfrage-deutschland-will-grundeinkommen-2016}.

Das alles zusammengenommen bedeutet, dass wir in einer Wohlstandsgesellschaft leben, weil unser Staat ein Sozialstaat ist: Tatsächlich besteht seine Hauptaufgabe darin, soweit sich diese pekuniär niederschlägt, erträgliche Lebensverhältnisse für einen großen Teil seiner Bevölkerung herzustellen, nämlich etwa 10 Prozent. Das ist gut so, kann aber ebenso als Einwand angesehen werden beziehungsweise das Bewusstsein, dass wir in einer Wohlstandsgesellschaft leben, als Ideologie entlarven. Noch wichtiger aber ist die Tatsache, dass für diejenigen, die im sozialen Netz leben, dieses Leben keineswegs vergnüglich ist. Dabei soll nicht geleugnet werden, dass es auch Menschen gibt, die es sich im sozialen Netz »wohlsein« lassen. Das hat umgekehrt zu der Maxime geführt, dass Arbeitsverhältnisse, um attraktiv zu sein, sich besser rechnen müssen als Hartz IV. Die Forderung nach einem Mindestlohn und dessen Steigerung in Abhängigkeit von der Wirtschaftslage ist so gesehen ja nicht nur eine Politik für die Arbeitenden, sondern vielmehr auch die Forderung, Arbeitsverhältnisse so auszustatten, dass es sich zu arbeiten lohnt. Es ist also eine Maßnahme, die Nachfrage nach Arbeit auf dem Arbeitsmarkt zu stärken.

Doch noch einmal: Im sozialen Netz zu leben und auf Sozialhilfe angewiesen zu sein ist keineswegs vergnüglich. Zu der Ämterlauferei und der Tatsache, dass man durchaus etwas beantragen und erbitten muss, das einem zusteht, kommt hinzu: Die Notwendigkeit aller möglichen Nachweise, das Erbringen von Gutachten, das Einhalten von Terminen – und schließlich, dass man sich Kontrollen unterwirft und dass man gegebenenfalls Behördeneinblick in die privaten Verhältnisse erlauben muss. Natürlich kann man staatlichen Stellen nicht das Recht bestreiten, dass sie die Angaben, die man ihnen macht, auch nachprüfen. Schwieriger wird es aber schon, wenn das Erklären von Hilfsbedürftigkeit dazu führt, dass man seine privaten Lebensverhältnisse offenlegen, gegebenenfalls den Behörden sogar Einblick in die eigene Kontoführung geben muss.

Die Abhängigkeit von staatlicher Hilfe und konkret von Behörden ist durchaus mit Einschränkungen der Bürgerrechte verbunden. Die Meldepflicht, die für alle gilt, kann zur Anwesenheitspflicht führen und bedeutet speziell für Obdachlose, dass sie an einen Ort gebunden sind und ihre Leistungen »vom Amt« nur zu bestimmten Zeiten und in Portionen abholen können.

Das Leben im sozialen Netz wird zur Verstrickung, und wir können wohl sagen, dass das Grundrecht auf Freiheit zumindest partiell eingeschränkt wird, jedenfalls so weit, dass die Betroffenen das Gefühl, in einer liberalen Gesellschaft zu leben, nicht mehr teilen können. Letzteres hat allerdings auch damit zu tun, dass sie in einer Gesellschaft, die sich wesentlich als Wohlstands- und Leistungsgesellschaft versteht, sich ihres Zustandes auch schämen und ihn nach Möglichkeit gegenüber ihren Mitmenschen vertuschen.

Sozialer Frieden

Der Sozialstaat sorgt dafür, dass jeder Einzelne sich als Zugehöriger einer Wohlstandsgesellschaft fühlen kann. Die Wohlstandsgesellschaft, durch eine große Mannigfaltigkeit von Schönheitspflastern verklebt, wird so aufbereitet, dass trotz der prekären Lebensverhältnisse eines großen Teiles der Bevölkerung im Ganzen Zufriedenheit herrscht. Die vielen »Anrechte«, die den Bürgern in unserem Wohlfahrtsstaat zustehen, sind die Folge einer Politik, die nicht wagt, das Problem der Ungerechtigkeit zu lösen. Vor allem wagt man nicht, auf die großen Vermögen von Superreichen und Konzernen zuzugreifen und dem Wuchern des Kapitalmarktes entgegenzusteuern. Das aktuelle System zur Versteuerung von Kapital trifft den kleinen Sparer, nicht aber die Spekulationen auf dem Finanzmarkt. Sparen soll sich nicht mehr lohnen, man soll vielmehr sein Geld ausgeben und damit die Binnennachfrage erhöhen. Eine Politik, die früher einmal die Vermögensbildung bei Arbeitnehmern förderte, existiert nicht mehr. Auf der anderen Seite ist die Politik äußerst zurückhaltend in der Besteuerung großer Vermögen sowie bei Erbschaftssteuern. Von einer Umverteilung, wie sie aufgrund des Lastenausgleichsgesetzes nach dem Zweiten Weltkrieg in der Geschichte der Bundesrepublik Deutschland stattgefunden hat – es handelte sich immerhin um eine Umverteilung von 130 Milliarden Deutsche Mark –, kann heute keine Rede mehr sein. Im starken Kontrast dazu steht eine Politik der kleinen Schritte, nach der beispielsweise das Verhältnis von Arbeitgeber- und Arbeitnehmeranteilen bei der Zahlung der Kranken- und Rentenversicherungsbeiträge verschoben wird. Die ungeheure Akkumulation von Kapital in privater Hand dagegen bleibt unangetastet – und das, obgleich doch eigentlich jeder weiß, dass sie eine Gefährdung der Demokratie darstellt.

Wie man auf der einen Seite sich an eine wirkliche Umverteilung gesellschaftlichen Reichtums politisch nicht heranwagt, so ebenso wenig an eine Reform des Sozialstaates als solchem. Zwar wird seit Jahren die Idee eines bedingungslosen Grundeinkommens diskutiert, aber wirklich in der Mitte der Politik angekommen ist die Idee noch lange nicht. Häufig wird sie mit dem Argument, undurchführbar zu sein, abgetan. Dass ein bedingungsloses Grundeinkommen für alle Deutschen möglich wäre, wurde allerdings schon berechnet – und zwar, wenn das Grundeinkommen das gesamte

Sozialbudget ersetzen würde inklusive Renten und Sozialabgaben.[5]

Wenn in einem Staat *jedermann* ein solches Grundeinkommen zusteht, so ergibt sich damit allerdings das schwierige Problem, dieses »jedermann« zu definieren – schwierig vor allem in einer Zeit, in der viele Flüchtlinge nach Deutschland drängen und hier einen vielfach nach Graden abgestuften Status erhalten – vom subsidiären Schutzstatus über Duldung, laufendem Asylantrag und anerkanntem Asyl bis hin zur deutschen Staatsbürgerschaft. Zudem leben wir in einem offenen Europa, in dem Bewegungsfreiheit herrscht und jeder EU-Bürger innerhalb der Union leben darf, wo er möchte, auch ohne Staatsbürger zu sein. Eine großartige Errungenschaft, doch politisch erschwert dies die Aufgaben des Sozialstaates. Die Einführung eines bedingungslosen Grundeinkommens für deutsche Staatsbürger könnte zu einer neuen krassen Ausgrenzung der »anderen« führen. Andererseits misstraut man politisch der Arbeitswilligkeit der eigenen Bevölkerung in einer Zeit, in der die Wirtschaft floriert und bereits in vielen Bereichen ein Fachkräftemangel herrscht. Daher sind die verschiedenen Sozialleistungen stets so angelegt, dass sie als vorübergehend verstanden werden müssen und die Arbeitswilligkeit nicht beeinträchtigen dürfen. Die Idee eines bedingungslosen Grundeinkommens verdankt sich der Überlegung, dass wegen der progressiven Rationalisierung und Automatisierung des Wirtschafts- und Verkehrslebens der Gesellschaft die Arbeit ausgehen könnte. In einer solchen Situation war es eine einleuchtende Idee,

5 Marvin Milatz, »Geld ohne Arbeit – funktioniert das?«, NDR (12. November 2018), online verfügbar unter: {https://www.ndr.de/themenwoche/gerechtigkeit/Bedingungsloses-Grundeinkommen-Finanzierung,grundeinkommen132.html}.

auf der Basis einer Grundversorgung der Bevölkerung den Drang auf den Arbeitsmarkt auf diejenigen zu beschränken, die entweder aus purer Beschäftigungslust oder aber aus dem Wunsch, ihr Lebensniveau zu erhöhen, sich um Arbeit bemühten. Heute ist die Situation – zumindest in der Bundesrepublik – gerade die umgekehrte. Es wird alles dafür getan, die Notwendigkeit von Arbeit – um mitzuhalten, um dazuzugehören – zu steigern und Arbeitskraft, wo immer sie sich noch im Privaten verliert, zu mobilisieren, indem man sie in Erwerbsarbeit transformiert. Das war besonders deutlich bei der Herausverlagerung von Familien- und Haushaltsarbeit in den öffentlichen, das heißt ökonomischen Bereich und damit insbesondere bei der Mobilisierung weiblicher Arbeitskraft für den Sektor der Erwerbsarbeit. Zusammengefasst: Die Politik hält am Konzept unserer Gesellschaft als Arbeitsgesellschaft fest und definiert deshalb, was sich inzwischen zur Hauptaufgabe des Staates ausgeweitet hat, nämlich die Finanzierung des sozialen Netzes, lieber als vorübergehende und subsidiäre Hilfeleistungen.

An eine große Lösung, an die Umverteilung des gesellschaftlichen Reichtums und das bedingungslose Grundeinkommen wagt man sich also nicht heran, oder besser gesagt, die Segnungen des sozialen Netzes erweisen sich auf diesem Hintergrund als eine Mannigfaltigkeit halbherziger Maßnahmen, durch die aber zweierlei erreicht wird. Zum einen die Mobilisierung der gesellschaftlichen Arbeitskraft bis zum äußerst Möglichen, zum anderen die Bewahrung des sozialen Friedens. Ebenso wie das wirtschaftliche Wachstum bei jedermann bis hin zu den Rentnern dafür sorgt, jedes Jahr eine kleine Steigerung der Einkünfte zu erhalten und deshalb die Frage nach der sozialen Gerechtigkeit nicht grundsätzlich zu stellen, dient auch das soziale Netz mit seiner Mannigfaltigkeit kleinteiliger Hilfeleistungen dazu, den sozialen Frieden zu bewahren: Es sorgt dafür, dass man auch bei prekären Lebensverhältnissen das Gefühl hat »zurechtzukommen«. Und: Wer ständig in Antragsarbeit verstrickt ist, hat gar keine Gelegenheit, über die eigene Lage zu reflektieren und sich mit anderen zusammenzuschließen, um für mehr soziale Gerechtigkeit zu mobilisieren.

Lösungsansätze im Regionalen

Da die Politik, wie es scheint, keine bahnbrechenden Lösungen für die prekären Lebensverhältnisse vieler bereitstellen wird, sondern vielmehr zu erwarten ist, dass sich der Dschungel der Antragsformulare immer weiter verdichten wird, lohnt sich ein Blick auf regionale Ansätze. Wir wollen noch einmal anerkennen, dass der deutsche Sozialstaat die Bedürftigen durchaus unterstützt. Dies wird besonders deutlich im Vergleich zu anderen Ländern. Das beste Beispiel sind hier die USA, wo es noch immer kein vernünftiges öffentliches Krankenversicherungssystem gibt. Doch selbst Vorzeige-Sozialstaaten wie Schweden fallen leicht hinter Deutschland zurück. Beispielsweise ist das Kindergeld in Schweden niedriger als in Deutschland, und das Gesundheitssystem, das allein auf staatlicher Versicherung beruht, weist deutliche Mängel auf. Unsere persönliche Erfahrung ist, dass es äußerst schwer ist, einen Arzttermin zu bekommen. Oft wird man telefonisch von einer Krankenschwester abgewimmelt oder vertröstet. Bekannte empfehlen, Krankheitssymptome detailliert und möglichst schwerwiegend zu beschreiben, besser noch: zu übertreiben, um überhaupt einen Termin zu erhalten. Und dann: monatelanges Warten. Wer es sich leisten kann, fährt zur Operation in ein anderes Land. Sicherlich ist das deutsche soziale System weit davon entfernt, perfekt zu sein, doch zeigt sich im Vergleich zu ähnlichen Ländern, dass es eigentlich sehr gut funktioniert.

Unsere obige Analyse legt jedoch nahe, dass trotz allem die Gefahr besteht, durch die Maschen des sozialen Netzes zu rutschen. Früher wurde die Versorgung der Armen und schwächeren Mitglieder der Gesellschaft häufig in regionalen Verbünden geleistet. »Verbünde« bedeutet hier nicht eine staatliche Kommune, sondern Dorfverbände.[6] Man verbrachte sein Leben meist im selben Ort, man kannte sich, man hatte eine nachbarschaftliche Verbindung. Wenn jemand in Not geriet, dann half man aus. Auch wenn die heutigen Biografien durch häufige Umzüge geprägt sind, sollte es möglich sein, ein solches Gefühl von einer regionalen Community wiederaufleben zu lassen. Im Internet haben sich einige solche regionalen Gemeinschaften entwickelt. So existieren regionale soziale Netzwerke, in denen Menschen Dinge tauschen oder leihen können, Kurse anbieten oder einfach nachbarschaftliche Kontakte knüpfen können. Natürlich wäre es auch möglich, einfach mal bei den Nachbarn zu klingeln und sie zu Kaffee und Kuchen einzuladen. Vielleicht entwickeln sich nicht gleich Beziehungen, die im Falle einer Arbeitslosigkeit volle Unterstützung erbringen. Doch ein »soziales Netz« sollte sich nicht auf die Extremfälle beschränken. Ein jeder profitiert davon, ein vertrauensvolles Verhältnis zu den Menschen, die in seiner Nähe wohnen, zu entwickeln – ganz unabhängig davon, ob diese nun in prekären Verhältnissen leben oder wohlsituiert sind. Denn das Wissen, in einer akuten Notsituation sich auf die Unterstützung seiner Nachbarn verlassen zu können, gibt

6 In der Schweiz besteht noch immer diese Sozialpflicht der Gemeinden.

einem ein besonderes Gefühl von Sicherheit, schützt vor Stress und stärkt die psychische Widerstandsfähigkeit.

Neben der nachbarschaftlichen Unterstützung haben sich weitere interessante Modelle sozialer Unterstützung entwickelt, die staatsunabhängig sind. So setzen sich verschiedene Gemeinschaften für das bedingungslose Grundeinkommen ein und sammeln Spenden, um regelmäßig Grundeinkommen zu verlosen. Zwar erhält man ein solches Grundeinkommen nur für ein Jahr – und befindet sich somit doch auch wieder in einer prekären Lage –, aber immerhin ist ein Anfang für ein solches System gemacht. Andere, man könnte sagen »Grassroots«-Ansätze aus dem Bereich der Netzgemeinschaft ermöglichen das Einsammeln von Spenden für private Zwecke (zum Beispiel »Go fund me«-Kampagnen). Auch hier, wenn es um soziale Gerechtigkeit und Umverteilung geht, erkennen wir ein vergleichbares Muster wie schon im Bereich Konsumverantwortung und Schutz des Verbrauchers: Eigentlich sollte die Verantwortung hier bei größeren Instanzen wie dem Staat und den Konzernen liegen. Doch mahlen deren Mühlen langsam, wenn überhaupt. Dies kann der oder die Einzelne nicht abwarten – und muss aus dem empfundenen Unbehagen heraus selbst tätig werden.

2. Demokratie ohne Demokraten

Wir leben in Deutschland in einer der besten Demokratien der Gegenwart. Warum viele dieser These nicht zustimmen würden und warum wir sie aufstellen, darauf gehen wir nun näher ein. Beginnen wir mit einem historischen Vergleich: Insbesondere die erste, das ist die athenische Demokratie, war nicht besser. Im Gegenteil, wegen der Einheit von Volksversammlung und Gericht, wegen der Sykophanten,[7] wegen der rhetorischen Wirkung charismatischer Figuren – wir würden heute sagen: Populisten – war sie schlechter. Und auch in der Gegenwart fällt ein Vergleich mit anderen Umsetzungen der demokratischen Staatsform gut für Deutschland aus. Die Demokratie in den USA, die seit Jahrzehnten Demokratie als die einzig vernünftige Staatsform feiern und sie als Export in alle Länder der Welt tragen wollen – sie ist schlechter als die deutsche. Die Wahl des »mächtigsten Mannes der Welt« (oder der »mächtigsten Frau«), des Präsidenten (oder der Präsidentin) der Vereinigten Staaten, ist ein riesiges Spektakel, durch die Großfinanz veranstaltet. Und da er oder sie vom »Volk« – indirekt über das fragwürdige System des Electoral College – gewählt wird, nicht von parlamentarischen Gremien, ist dieser mächtigste Mann (oder die mächtigste Frau) der Welt oftmals zur Untätigkeit verdammt, wenn er (oder sie) sich nicht auf parlamentarische Mehrheiten stützen kann. Gleichzeitig kann das Wahlmännersystem dazu führen, dass jemand Präsident wird, ohne von der tatsächlichen Mehrheit der Bürger gewählt worden zu sein. Hinzu kommt, dass durch das Zweiparteiensystem in den USA die Auswahl stark begrenzt wird, was in der Vergangenheit häufig dazu führte, dass beide Kandidaten sich zur politischen Mitte hin orientierten und sich so in ihren Standpunkten kaum unterschieden. Ferner erlebten wir mit Trump eine Präsidialregierung, weil der Präsident nämlich durch Ämterbesetzungen, durch das letzte Votum bei Verträgen und durch geschicktes Ausnutzen der Möglichkeiten der Dekrete[8] eine von den Mehrheiten im Parlament unabhän-

7 Als Sykophanten bezeichnete man im antiken Athen Personen, die – meist reiche – Mitbürger durch Drohungen, z. B. sie vors Volksgericht zu bringen, erpressten.

8 »Das Brisante an Dekreten ist aber, dass der Präsident Anweisungen erteilen kann, ohne dass das Parlament zuvor dazu ein Gesetz er-

gige Politik betrieb. In der BRD hat der Präsident nicht die Kompetenz, Verordnungen zu erlassen. Das war anders in der Weimarer Republik, die in der letzten Phase, seit der Regierung von Reichskanzler Heinrich Brüning, durch Verordnungen des Präsidenten, also Paul von Hindenburgs, regiert wurde. Und im Übrigen: Wählen kann man in den USA nur, wenn man sich vorher hat registrieren lassen. Entsprechend wählen in den USA oft nur rund fünfzig Prozent der Stimmberechtigten. Durch geschickte Aufteilung der Wahlbezirke (das sogenannte *gerrymandering*) wird deren politische Willensäußerung verdünnt und gesteuert. Dies ist kaum noch als eine Demokratie zu bezeichnen.

Dagegen die Bundesrepublik Deutschland: Die Regierung ist in jedem Fall handlungsfähig, weil sie aus parlamentarischen Mehrheiten hervorgeht; die Gewaltenteilung ist klar, und die wechselseitige Kontrolle durch *checks and balances* funktioniert. Und jeder Wahlberechtigte kann problemlos wählen. Doch an diesem Punkt taucht der erste Zweifel auf. Parlamentarische Mehrheiten kommen zustande durch die quantitativen Verhältnisse der Fraktionen im Parlament. Diese sind größtenteils an Parteien gebunden, was auch in Deutschland die Bandbreite der vertretenen Meinungen verringert. Eindrucksvoll wird die Demokratie bei ethisch relevanten Fragen, bei denen der Fraktionszwang aufgehoben wird.

Demokratie – das bedeutet: der Wille der Mehrheit gilt. Doch die Tugend, Niederlagen zu akzeptieren, ist bei der je-

lassen haben muss – er kann damit quasi den Kongress umgehen.« (Patrick Toggweiler, »US-Politik erklärt: Was sind diese ›Dekrete‹, die Trump wie am Fliessband unterzeichnet?«, Watson [31. Januar 2017], online verfügbar unter: {https://www.watson.ch/international/usa/946734868-was-sind-diese-dekrete-die-trump-die-ganze-zeit-unterzeichnet}).

weiligen Opposition nicht verbreitet. Nicht nur, dass man versucht, was im Bundestag beschlossen wurde, im Bundesrat durch andere Machtkonstellationen wieder zu kippen, sondern vielmehr, und was noch viel bedeutsamer ist: Kaum ein Gesetz tritt in Kraft, ohne dass es über eine Klage beim Bundesverfassungsgericht wieder in Zweifel gezogen wird. Die oberste Gerichtsbarkeit ist auf diese Weise zu einer politischen Macht geworden – oder sagen wir es umgekehrt, die gesetzgebende Gewalt, also das Parlament, hat nicht die Kraft, Gesetze wirklich zu *geben*. Immerhin, die Kontrolle und die Revidierbarkeit politischen Handelns über die Gewaltenteilung funktioniert. Ebenso die Kontrolle durch die öffentliche Meinung, besser gesagt durch deren Organe, die Medien. Die Aufdeckung von Skandalen, die Veröffentlichung von Korruption und des Einflusses der Lobbys, die Kritik an der Steuerhinterziehung: All das sind nützliche Korrektive unserer Demokratie. Doch haben die Medien auch ihre eigenen Interessen, sind bestimmt durch Konkurrenz, Auflagenhöhe und Einschaltquoten. Das führt dazu, dass ihre Berichterstattung durch eine Neigung zur Skandalisierung und zum Aufbauschen von privaten Affären zum Politikum gekennzeichnet ist.

Kant hat »Republik« einmal als eine Staatsform definiert, in der Gesetz nur das ist, was von jedermann gebilligt wird. Gemessen an dem hohen Grad der Zustimmung, insbesondere zu der Gesetzgebung durch jedermann können wir wohl sagen, dass wir in einer Republik leben. Oder ist das nur ein Schein? Denn in einer parlamentarischen Demokratie, also einer repräsentativen Demokratie, hat hier jedermann sein Mitspracherecht über die Wahl der Abgeordneten an diese delegiert. Eine Volksabstimmung ist zumindest auf der obersten, also auf der Bundesebene in Deutschland nicht zugelassen. Die sogenannten Väter des Grundgesetzes haben diese Möglichkeit aufgrund höchst problematischer Erfahrungen mit Volksabstimmungen in der Weimarer Republik nicht vorgesehen. Das System der parlamentarischen Demokratie entlastet so den Einzelnen, das heißt fast jedermann von politischem Engagement: Man delegiert seinen Anteil an Volkssouveränität durch die Wahl an die Abgeordneten, und dadurch ist in fast keiner Weise festgelegt, für was sie nachher arbeiten und in welchem Sinne. Zwar gibt es Parteiprogramme, die dann auch bei der Regierungsbildung gegeneinander ausgehandelt werden. Aber diese Parteiprogramme werden nicht durch das »Volk«, also die Wähler, bestimmt. Ebenso – trotz Demokratie! – nicht, wer letzten Endes ins Parlament kommt und schließlich ein Regierungsamt übernehmen kann. Denn wer Abgeordneter wird, ist wesentlich, abgesehen von den Direktmandaten, durch den Rang in der Wahlliste seiner Partei bestimmt: Wer ganz oben steht, kommt in jedem Fall ins Parlament. Das bedeutet, dass zum großen Teil der politische Erfolg der Kandidaten weniger von der Durchsetzung beim Wähler, als vielmehr von ihrer Durchsetzung innerhalb der Partei abhängt.

Politik wird von Berufspolitikern betrieben und das bedeutet eben auch, Entscheidungen über die Entwicklung unserer Gesellschaft werden von Berufspolitikern getroffen. »Die Politik« wird häufig eher als ein Teil der gesellschaftlichen Verwaltung und weniger als ein System zur Mitbestimmung und Beteiligung aller wahrgenommen. Dies führt dazu, dass Wähler, die sich informieren, sich eine Meinung bilden, kurz: für Politik »interessieren«, frustriert werden. Es kommt zur sogenannten Politikverdrossenheit. Diese besteht darin, dass viele Bürger der Bevölkerung im resignativen Bewusstsein leben, dass »die da oben« machen, was sie wollen, und dass Engagement und die Teilnahme der Bürger sich in Stammtischdebatten Luft macht – oder im Internet.

So geben 75 Prozent der Deutschen an, den Parteien zu misstrauen, 47 Prozent denken, dass die Interessen der Bürger den Politikern gleichgültig seien.[9] Ganz unrecht haben diese Bürger nicht, da auch bei uns der Einfluss von Lobbyisten und Konzernen auf die Entscheidungen der Politiker groß ist (wenn auch bei Weitem nicht so verheerend wie in den USA). Der Einfluss der Konzerne ist besonders erschreckend, da diese ihre kapitalistischen Wachstumsinteressen vertreten, gegen die der Staat das Wohlergehen von Menschen und Natur verteidigen sollte. Die Politikverdrossenheit und das Unbehagen in der Demokratie werden in der Bundesrepublik Deutschland noch dadurch verstärkt, dass die Gesetze mehr und mehr durch Vorgaben der Europäischen Union bestimmt sind. Dabei waren diese EU-Regeln noch zunächst im Wesentlichen Verordnungen der Europäischen Kommissionen – erst in jüngster Zeit ist das Mitspracherecht des Europäischen Parlaments, das heißt also einer wiederum über Wahlen legitimierten demokratischen Organisation, verbessert worden. Aber diese Form der Politikverdrossenheit, nämlich Europaverdrossenheit, ist geblieben: Wir können ja doch nichts machen, weil die da in Brüssel »bestimmen«.

Politikverdrossenheit heißt: Ein großer Anteil der Bürger in unserer Demokratie glaubt nicht daran, dass sie auf die Politik irgendeinen Einfluss haben. Das Interesse an Wahlen hat in den letzten dreißig Jahren stetig abgenommen (während in den siebziger Jahren noch die Hälfte der Deutschen angab, stark an der Bundestagswahl interessiert zu sein, ist es

9 Ipsos, »Das Misstrauen ist groß – Studie zu Vertrauen, Populismus und Politikverdrossenheit«, 26. September 2018, online verfügbar unter: {https://www.ipsos.com/de-de/das-misstrauen-ist-gross-studie-zu-vertrauen-populismus-und-politikverdrossenheit}.

heute nur noch ein Viertel),[10] ebenso die Wahlbeteiligung. Als Gründe des politischen Desinteresses werden unter anderem genannt: Politik sei schwer nachvollziehbar, es würde zu viel getrickst; ferner das Gefühl, keinen Einfluss zu haben und dass die eigenen Interessen nicht wahrgenommen würden. Jedoch: Das Allensbacher Institut berichtet, dass ganze 82 Prozent mit der Demokratie in Deutschland insgesamt zufrieden zu seien.

Einerseits Zufriedenheit mit dem politischen System im Allgemeinen, andererseits Desinteresse und das Gefühl, nicht hinreichend repräsentiert zu werden – wie passen diese Zahlen zusammen? Um diese Diskrepanz zu verstehen, müssen wir uns die Methodik der Umfragen näher ansehen (siehe dazu auch Kapitel »Glück und Zufriedenheit«). Wird eine Frage sehr allgemein gestellt und mit nur zwei oder drei Antwortmöglichkeiten, fallen die Ergebnisse oft anders aus, als wenn man mit den Fragen ins Detail geht oder mehr Antwortmöglichkeiten zur Verfügung stehen. Zum Beispiel könnte gefragt werden »Sind Sie mit der Demokratie in Deutschland alles in allem zufrieden?« und als Antwortmöglichkeit gäbe es lediglich »Ja« oder »Nein«. Hier werden die meisten Menschen »Ja« ankreuzen. Fragte man nun jedoch im Detail danach, ob man das Gefühl hat, dass die eigenen Interessen vertreten werden, dass man ein Mitspracherecht hat, dass die Politik die wichtigen gesellschaftlichen Themen angeht – und gibt man differenziertere Antwortmöglichkeiten als lediglich »Ja« und »Nein« vor, so werden

10 Thomas Petersen et al., *Gespaltene Demokratie – Politische Partizipation und Demokratiezufriedenheit vor der Bundestagswahl 2013*, IfD Allensbach und Bertelsmann Stiftung, online verfügbar unter: {https://www.bertelsmann-stiftung.de/fileadmin/files/BSt/Publikationen/GrauePublikationen/GP_Gespaltene_Demokratie.pdf}.

die Antworten vermutlich anders ausfallen. Und tatsächlich, wenn wir uns die Zahlen der erwähnten Studie des Allenbacher Instituts genauer ansehen, zeigt sich, dass die Antworten eigentlich nicht eine allgemeine Zufriedenheit mit der Demokratie widerspiegeln: 15 Prozent der Befragten sind »sehr zufrieden« mit der deutschen Demokratie, 67 Prozent kreuzten »einigermaßen zufrieden« an, 11 Prozent »nicht zufrieden«. Die Studienautoren fassen die ersten beiden Kategorien zusammen und berichten von über 80 Prozent Zufriedenheit – was nicht korrekt ist. Menschen, die die mittlere Kategorie wählten, sind eben nicht zufrieden, allerdings auch nicht unzufrieden, sondern befinden sich in einem großen Graubereich zwischen diesen beiden Extremen. Um dem Empfinden dieser Gruppe näherzukommen, muss nun eigentlich mit weiteren Fragen ins Detail gegangen werden.

Nun haben wir versucht, uns dem Thema Politikverdrossenheit von einigen üblicherweise gemessenen Variablen her zu nähern: Wahlbeteiligung, Zufriedenheit mit der und Vertrauen in die Politik. Diese Herangehensweise versteht Demokratie als politisches System, als etwas außerhalb des einzelnen Bürgers, an dem er oder sie sich durch regelmäßige Stimmabgabe beteiligt – und das funktioniert, solange genügend Bürger diese ihre politischen Pflichten wahrnehmen. Demokratie könnte und sollte aber auch anders – allumfassender – verstanden werden: als Lebensweise, als persönliche Art und Weise, das eigene, individuelle Leben zu leben, wie es der amerikanische Philosoph John Dewey in seinem Essay »Creative Democracy: The Task Before Us«[11] Mitte des letzten Jahrhunderts schrieb. Demokratie ist nach Dewey nicht

11 Siehe den Wikipedia-Eintrag dazu unter: {https://en.wikipedia.org/wiki/Creative_Democracy}.

bloß eine Staatsform, eine Methode, politische Institutionen zu organisieren, sondern eben eine Gesellschaftsform, die durch alle ihre Mitbürger gebildet wird.

Nicht Repräsentation, sondern Partizipation als Herzstück der Demokratie. Wenn wir unsere Demokratie so verstehen wollen, also als eine Gesellschaftsform, die durch das Engagement der einzelnen Menschen getragen wird, bedeutet Politikverdrossenheit auch: »sich gar nicht darum zu bemühen«.

Wie sehen die Zahlen zum Engagement aus? Während immerhin 60 bis 70 Prozent der Mittel- und Oberschicht glauben, dass politisches Engagement sich lohnt, sind es lediglich 35 Prozent der Unterschicht. Jedoch, und das ist hier entscheidend: nur wenige nehmen diese Möglichkeit für ein solches Mitwirken auch wahr: 13 Prozent haben sich schon in einer Bürgerinitiative engagiert, 8 bis 9 Prozent in einer Partei oder einer Interessengruppe wie Amnesty International. Die häufigste Beteiligung findet sich für Unterschriftenaktionen (38 Prozent) oder Demonstrationen (30 Prozent). Interessanterweise zeigt sich für diese Teilnahmehäufigkeit kein Unterschied für die gesellschaftlichen Schichten. Nach Dewey bedeutet Demokratie allerdings noch viel mehr, als sich in einer Gruppe oder Organisation zu beteiligen. Es bedeutet, demokratische Prinzipien im Alltag zu leben: Konflikte im menschlichen Zusammenleben als natürlich und gegeben anzusehen, in ständigem Diskurs die Meinungen und Einstellungen anderer Menschen kennenzulernen, offen zu sein für Erfahrungen und Veränderungen, Kompromissbereitschaft und Konfliktlösung durch Diskurs, nicht durch Gewalt oder Druck. Alle diese Fähigkeiten scheinen im heutigen politischen Leben, aber auch im öffentlichen Diskurs immer seltener zu werden. Soziale Medien befeuern Stimmungen und stärken Gruppenzugehörigkeit, anstatt auf Diskurs und auf Verständnis der anderen zu setzen. So treiben die sozialen Technologien, die ursprünglich Menschen verbinden wollten, nun antidemokratische Entwicklungen voran, nicht nur weltpolitisch, sondern eben auch auf der individuellen Ebene: Es wird gängiger, trotz guter Gegenargumente auf dem eigenen Standpunkt zu beharren, zu einem Diskurs zwischen zwei Individuen mit gegensätzlichen politischen Ansichten kommt es nur selten, da jeder sich in seiner »Bubble« bewegt.

Unsere Lage ist also die: Wir leben in einer der besten Demokratien, doch in einer Demokratie ohne Demokraten. Was Demokratie ist, ist von den meisten Bürgern nicht internalisiert, das heißt in demokratischem Verhalten, in einer demokratischen Lebensweise nach Dewey habitualisiert worden. Das würde nämlich verlangen, dass man Mitbestimmung und Mitwirkung nicht an andere delegiert und die Demokratie nicht nur als »Politik und Parlament« ansieht, sondern sie auf jeder Ebene gesellschaftlichen Lebens praktiziert. Das muss ferner bedeuten, Partizipation und Mitwirkung auf jeder Ebene gesellschaftlichen Lebens zu suchen.

Das Unbehagen in der Demokratie besteht nun auch darin, dass sehr wohl viele Bürger das Bedürfnis haben, mitzuwirken, doch häufig nicht wissen, wie. Das liegt auch daran, dass der engagierte Bürger in der Regel den Zugang zu den politischen Institutionen, gerade *weil* er durch die Parteien vermittelt wird, meidet. Denn wer dort mitarbeiten möchte, hat erst einmal auf der regionalen Ebene Parteiarbeit zu leisten. Möglich auch, dass viele Engagierte von den internen Konflikten und Rangeleien oder den langwierigen Diskussionen um lokale Kleinigkeiten abgeschreckt werden. Deshalb suchen die engagierten Bürger – und es sind nicht wenige – in unserer Demokratie häufig den Weg über außerparlamentarische Opposition. Das sind Vereine, Bürgerinitiativen und Demonstrationen, das heißt, die informelle und letztendlich für den Einzelnen nicht verbindliche und damit nicht verantwortliche Teilnahme an Demonstrationen. Dieser ganze Bereich nichtstaatlicher Politik wird als Zivilgesellschaft zusammengefasst. So euphorisch dieser Ausdruck benutzt wird, so bezeichnet er eben doch eine Bewegung, in der demokratisches Handeln außerhalb des Staates praktiziert wird.

Neben der »Zivilgesellschaft« ist ein weiterer Beleg für das Engagement des politikverdrossenen Bürgers das Ehrenamt. Ehrenamt und Spendenbereitschaft sind in der Bundesrepublik Deutschland in begrüßenswerter Weise verbreitet. Viele wichtige Aufgaben – wie in der Flüchtlingsbetreuung oder in der Altenpflege – würden ohne die ehrenamtliche Beteiligung gar nicht mehr bewältigt werden können. Um das anzuerkennen, genügt es nicht, dass der Bundespräsident in jedem Jahr etwa fünfzig Ehrenamtliche auszeichnet. Und man übersieht bei dieser wohlwollenden Würdigung auch das Paradox, nämlich, dass man auf der einen Seite in unserer Demokratie die Sorge um das Gemeinwohl an die großen Institutionen delegiert, also an Staat, Versicherungen, karitative Verbände (insbesondere die Kirchen), dass man auf der anderen Seite sich eben doch einbringen muss, wo die großen Institutionen zur Realisierung des Gemeinwohls »nicht hinreichen«: das heißt, dass sie dieser Aufgabe – nämlich das Gemeinwohl zu realisieren – häufig quantitativ nicht gewachsen sind, vor allem aber, weil die Fürsorge für den Einzelnen – also Fürsorge für die Kranken, Armen, Alten, Schwachen und Behinderten –, wenn sie institutionell organisiert ist, fast notwendig der Humanität entbehren muss.[12]

12 Siehe Gernot Böhme (Hg.), *Pflegenotstand: Der humane Rest*, Bielefeld: Aisthesis Verlag 2013.

Wir haben also eine wohlfunktionierende Demokratie, die allerdings im Wesentlichen von Berufspolitikern betrieben wird, während der engagierte Bürger – politikverdrossen – sich in außerparlamentarische Opposition und ehrenamtliche Tätigkeit einbringt. Es ist gut, dass *wenigstens* dieses Engagement existiert. Denn das heißt, dass die politische Organisation unseres Gemeinwesens durch informelle apolitische Selbstorganisation der Bürger stabilisiert wird.[13] Ob allerdings die Balance zwischen diesen beiden Antipoden unserer Gesellschaft stabil ist, sei dahingestellt. Es mangelt an gegenseitiger Anerkennung der Antipoden, am Bewusstsein davon, aufeinander angewiesen zu sein.

Man sieht diesen Mangel auf beiden Seiten. Auf der einen Seite werden immer wieder die Leistungen der Ehrenamtlichen für Funktionen missbraucht, die eigentlich die Institutionen leisten sollten. So beispielsweise, wenn Blaue Damen das Transportwesen in einer Klinik übernehmen oder aber ehrenamtliche Helfer den Verkauf in Museumsshops. Umgekehrt kann man sehen, dass der Bürger seine – sicherlich sehr formale – Integration in den Staat über Wahlen und Steuern nicht als Aktivitäten für das Gemeinwohl versteht. Am krassesten ist diese Einstellung bei der Steuerhinterziehung. Wer versteht schon »Steuern zu zahlen« als einen Akt für das Gemeinwohl? Steuern zu zahlen wird als Zwang verstanden, den man möglichst clever umgeht – und so kommt es gelegentlich dazu, dass Personen und Firmen, die geschickt die Steuer umgehen, dann als Mäzene und Stifter auftreten und entsprechend gefeiert werden.

In summa: Wir haben eine theoretisch gut organisierte

13 Man hat schon länger für den Kapitalismus festgestellt, dass er eine ökonomische Organisation des Gemeinwesens ist, die von der nichtökonomischen Arbeit lebt, insbesondere der unbezahlten Hausarbeit.

Demokratie, doch sie ist nicht belebt durch das demokratische Engagement der Bürger. Man traut den politischen Institutionen nicht mehr zu, dass sie dem Gemeinwohl dienen, und der Staat wird eher als Administration verstanden. In dieser Situation können wir dem engagierten Bürger tatsächlich nichts Besseres empfehlen, als sich zivilgesellschaftlich einzubringen. Ohne das würde ihm die Luft wegbleiben, die ihm die sogenannte freiheitlich-demokratische Grundordnung verspricht. Doch ist es problematisch, wenn sich dieses Engagement aus resignierter Politikverdrossenheit speist und im Ressentiment gegenüber der Parteipolitik und den staatlichen Institutionen ausgelebt wird. Die Zivilgesellschaft ist nicht die Gesellschaft im Ganzen, und sie würde im Sande verlaufen, wenn es nicht die Geleise politischer Institutionen gäbe. Wir können nur hoffen, dass Erfolge im regionalen Engagement, aber auch der vergleichende Blick auf die politischen Systeme anderer Länder der Politikverdrossenheit entgegenwirkt.

3. Sicherheit und Risiko

Alles lässt sich versichern. Klar, die Krankenversicherung muss man haben. Natürlich auch die Pflege-, Arbeitslosigkeits- und die Rentenversicherung. Die Haftpflichtversicherung ist durchaus sinnvoll. Zur Arbeitsunfähigkeitsversicherung wird auch dringlichst geraten. Eine Kfz-Versicherung braucht ein Autobesitzer in jedem Fall. Dann geht es immer weiter: die Unfallversicherung, die Hausrats-, die Lebens-, die Rechtsschutzversicherung. Und dazu kommen all die Zusatzpakete, die den Versicherungsschutz immer weiter ausbauen und alle Möglichkeiten abdecken sollen: Zahnzusatz-, Krankentagegeld- und Tierhalterversicherung, Gewässerschäden-, Reiserücktritts- und Auslandskrankenversicherung, Gepäckversicherung, sogar Handyversicherungen werden immer beliebter.

In Deutschland existieren gut 446 Millionen Versicherungsverträge.[14] Von den freiwilligen Versicherungen führt dabei die Hausratsversicherung (über die ca. 75 Prozent der Haushalte verfügen) als die häufigste Versicherung, dicht gefolgt von der privaten Haftpflichtversicherung (ca. 70 Prozent).

Es ist erstaunlich, dass den meisten also der Hausrat wesentlich gefährdeter erscheint als beispielsweise die eigene Gesundheit: Unfallversicherungen haben knapp vierzig Prozent der Haushalte, eine Berufsunfähigkeitsversicherung gaben etwa ein Viertel der Befragten an.

Aber brauchen wir wirklich so viele Versicherungen? Grundsätzlich wird empfohlen, die existenziellen Risiken zu versichern. Dazu zählt sicherlich neben der pflichtgemäßen Krankenversicherung die Haftpflicht- und die Erwerbsunfähigkeitsversicherung. Doch tatsächlich sichern mehr Menschen ihr Fahrzeug mit einer Vollkaskoversicherung ab als sich selbst gegen die Erwerbsunfähigkeit – die im Laufe des Lebens statistisch gesehen jeden fünften Arbeitnehmer trifft.

Sich gegen alle Eventualitäten abzusichern erscheint vielen Menschen als notwendig. Diesem Sicherheitsbedürfnis steht die Beliebtheit des Risikosports paradox gegenüber. Während bei manchen dieser Sportarten das Verletzungsrisiko eher einen unangenehmen Hintergrundgedanken darstellt, wie beim Reiten, beim Fußball oder beim Skifahren, steht bei anderen genau der Nervenkitzel im Mittelpunkt,

14 Siehe die Übersicht auf der Website des Gesamtverbandes der Deutschen Versicherungswirtschaft: {https://www.gdv.de/de/zahlen-und-fakten/versicherungsbereiche/ueberblick-4580}.

zum Beispiel beim ungesicherten Klettern, beim Basejumping oder bei Rad- und Autorennsport unter extremen Offroad-Bedingungen.

Woher stammt die Beliebtheit des Risikosports? Es gibt verschiedene, sich ergänzende Theorien hierzu: Extremsport, so lautet eine Erklärung, stehe im Zusammenhang mit dem Persönlichkeitsmerkmal *sensation seeking* (so viel wie »empfindungssuchend«). *Sensation seeking* ist nicht bloß Risikobereitschaft, hinzu kommt das gezielte Aufsuchen von neuen, aufregenden Erfahrungen und Reizen. Doch ein Mensch mit hohen Werten auf der *Sensation-seeking*-Skala muss nicht unbedingt ein Extremsportler werden. Neuartige Reize versprechen schließlich auch Reisen, herausfordernde soziale Situationen oder abwechslungsreiche Berufe. *Sensation seeking* wird eingeteilt in die Unterkategorien *thrill and adventure seeking* (abenteuersuchend), *experience seeking* (erfahrungssuchend), *disinhibition* (Enthemmung) und *boredom susceptibility* (Anfälligkeit für Langeweile). Extremsportler passen hier am besten in die erste Kategorie. Doch nicht jeder Mensch, der einen hohen Wert auf dieser Skala erreicht, wird zwangsläufig einen risikoreichen Sport betreiben. Dass also zur *Sensation-seeking*-Charaktereigenschaft noch etwas dazukommen muss, um Risikosportler zu werden, ist klar.

Unterscheiden sich risikoaffine und zurückhaltende Individuen auch neurobiologisch? Auch bei Tieren gibt es vergleichbare Charakterunterschiede: Manche Tiere sind neugierig, andere eher ängstlich und zurückhaltend, selbst wenn es sich um Exemplare derselben Art handelt. Ratten, die eine neue Umgebung intensiv erkunden, schütten höhere Mengen an Stresshormonen aus als Ratten, die sich lieber verstecken – aber auch größere Mengen an Dopamin, dem Neurotransmitter, der mit Belohnungsempfinden assoziiert ist.

Dies deutet darauf hin, dass Stresshormone in den explorierenden Tieren einen verstärkenden Effekt auf das Verhalten haben. Dass sie also den Stress der neuen Situation als belohnend empfinden. Noch deutlicher wurde dies bei einem Versuch, bei dem die Tiere sich selbst intravenös Stresshormone zuführen konnten. Die »Draufgänger«-Ratten versorgten sich mit deutlich mehr Stresshormonen als die zurückhaltenden.

Dies entspricht der These, dass Stress als positiver oder als negativer Stress empfunden werden kann. Ähnlich haben auch Menschen, die gern Neues erleben, eine höhere Aktivität des dopaminergen Systems, wenn sie sich in einer stressigen Situation befinden. Sie empfinden eine solche Situation also als belohnend und positiv. Auch konnte beobachtet werden, dass Menschen mit hohen *Sensation-seeking*-Werten in einer Stresssituation geringere Mengen an Stresshormonen ausschütten. Daraus kann einerseits der Schluss gezogen werden, dass eine verringerte Ausschüttung von Stresshormonen zu einer stärkeren Stressresistenz führt. Gleichzeitig haben diese Studien Anlass zu der Theorie gegeben, dass niedrigere Mengen von Stresshormonen zu einem Aufsuchen von neuartigen und herausfordernden Situationen führen können, um das Level der Stresshormone anzuheben. Eine gewisse Menge Stress kann eben nicht nur als negativ, sondern auch als positiv empfunden werden. Und wann genau dies umschlägt, unterscheidet sich von Mensch zu Mensch.

Wir kennen also die biologischen Unterschiede im *Sensation-seeking*-Verhalten. Doch wie die beschriebenen Zusammenhänge entstehen, haben wir noch nicht verstanden. Ob viele oder wenige Stresshormone ausgeschüttet werden, könnte natürlich genetisch bedingt sein. Genauso wahrscheinlich ist, dass es sich hier um eine Anpassung des Stresssystems an das Verhalten handeln könnte: Wer sich oft und regelmäßig in stressigen Situationen befindet, gewöhnt sich daran – und die Menge der Stresshormone wird auf ein anderes Grundniveau eingestellt. Wer sich regelmäßig in riskanten Situationen befindet, beispielsweise beim Fallschirmspringen, der gewöhnt sich daran. Risikosport als positiver Stress in einer sonst eintönigen Lebenswelt.

Ein anderer Aspekt, der die Beliebtheit des Risikosports erklären könnte, ist, dass ein Extremsport als Hobby auch eine Art der Selbstinszenierung darstellt. Man hebt sich ab von denjenigen, die kein »besonderes« Hobby haben, und gleichzeitig kreiert man die Zugehörigkeit zu einer Gruppe. Sportler sind in unserer Gesellschaft angesehene Individuen. Surfen, Skifahren, Klettern – Abenteuer in der Natur sind »cool«. Im Vergleich zum langweiligen und oft langsamen Arbeitsalltag kann man schnell Erfolgserlebnisse vorzeigen, und auch leichter vorzeigen: Die besonderen Leistungen werden meist ausführlich dokumentiert, auf Blogs, Fotos, in Videos. Es gibt mehr positive Rückmeldung, wenn man einen Berg besteigt, als wenn man bei der Arbeit ein kompliziertes mathematisches Problem oder eine schwierige Personalsituation gelöst hat.

Also alles kein Problem? Empirische Studien belegen, dass viele Verhaltensweisen, die mit erhöhtem *sensation seeking* zusammenhängen, zu gesundheitlichen Problemen führen. Dazu gehören nicht nur der Extremsport oder der Abenteuerurlaub, sondern auch riskantes sexuelles Verhalten, Experimentieren mit Drogen oder Verhaltensweisen der *disinhibition*, wie übermäßiges Ausgehen. Die neurobiologischen Erkenntnisse und die daraus hervorgehende Theorie, dass das *sensation seeking* ein Versuch zum Ausgleich des Stresshormon-Levels ist, führen zu einem einfachen Vorschlag: Statt die eigene Gesundheit aufs Spiel zu setzen, lassen sich andere Arten der Stimulation finden. Um ein Abenteuer zu erleben, muss man weder ans andere Ende der Welt reisen noch aus einem fliegenden Flugzeug springen. Ein spontaner Campingtrip ohne geplante Route und ohne reservierte Unterkünfte ist ebenso aufregend und garantiert sicherlich ein gewisses Ausmaß an stressigen Situationen.

Tatsächlich haben wir ja in der bisherigen Analyse schon gesehen, dass es zahlreiche Bereiche gesellschaftlichen Lebens gibt, die Engagement benötigen und wo wir unsere kognitiven Kapazitäten und Energien sinnvoller einsetzen können als bei Fallschirmsprüngen. Möglichkeiten für neuartige Erlebnisse und soziale Herausforderungen finden sich überall. Die Energie, die aus diesem Verlangen nach Abwechslung entsteht, kann man beispielsweise in der Flüchtlingshilfe oder bei politischen Protestaktionen einsetzen. Denjenigen, die keine großen *sensation seeker* sind, empfehlen sich ähnliche Herausforderungen in kleinerem Maße. Auch die Nachbarn brauchen ab und zu Unterstützung, ob es nun darum geht, etwas zu reparieren, zu backen oder die Einkäufe zu tragen. Jeder kann etwas, das jemand anders benötigt. Und als Helfer profitiert man auch: Studien belegen einen Zusammenhang zwischen der Häufigkeit von altruistischen Handlungen und der eigenen Zufriedenheit. Soziales Engagement oder Nachbarschaftshilfen stärken den sozialen Zusammenhalt und fördern regionale Gemeinschaft. Für einen eher introvertierten Menschen bietet sich hier eine gute Gelegenheit, sich selbst herauszufordern: einfach mal zu klingeln und nachzufragen.

Wie wir gesehen haben, gehen viele Menschen freiwillig ein großes Risiko für ihre Gesundheit ein, gar für ihr Leben, während sie gleichzeitig das Gefühl haben, sich gegen Risiken des normalen Alltags allumfassend schützen zu müssen. Geradezu absurd erscheint die Beliebtheit der Extremsportarten, wenn man sie auf dem Hintergrund der hochversicherten Gesellschaft betrachtet. Genauer gesehen unterscheiden sich diese beiden Bereiche in einer bestimmten Hinsicht: das eigene Zutun. Man entscheidet sich bewusst für eine Sportart, und man hat – oft fälschlicherweise – das Gefühl, die Kontrolle darüber zu haben, dass nichts Schlimmes passiert. Demgegenüber steht das unberechenbare Ereignis eines Einbruchs oder eines Wasserschadens. Die Last der Besorgnis um dieses Risiko scheint sich durch das monatliche Zahlen einer geringen Prämie zu mindern. Wenig ist man sich darüber im Klaren, dass zum Beispiel bei einem Einbruch der Ärger, die Aufregung und der tatsächliche Verlust der Dinge, an denen man hängt, eintreten, obgleich man gegen den materiellen Schaden versichert ist.

Wie kann man ein solch dissonantes Verhalten verstehen? Hierbei hilft ein Blick auf die Theorie, die der Psychologe Daniel Kahneman entwickelt hat. Kahnemans Analysen erklären, inwiefern unsere Wahrnehmung von Chancen und Risiken oft nicht der tatsächlichen statistischen Verteilung einer Situation entspricht. Hierzu gehört der Unterschied zwischen Gewinn- und Verlusterwartung. Menschen fürchten einen Verlust mehr, als sie einen Gewinn schätzen. Auch wenn die Wahrscheinlichkeit für den Verlust nur gering ist. Das passt genau auf unser Verhalten im Falle von Versicherungen. Rechnet man die monatlichen Einzahlungen in eine Hausratsversicherung auf die Jahre hoch und stellt diesen Geldbetrag dem möglicherweise hohen Verlust bei Diebstahl, der jedoch mit einer sehr geringen Wahrscheinlichkeit eintritt, gegenüber, erkennt man genau dieses Verhaltensmuster: Viele Menschen zahlen lieber langfristig kleine Geldbeträge, um das geringe Risiko eines großen Verlustes zu vermeiden. Diese emotionale Verzerrung wird von Versicherungsgesellschaften genutzt, indem sie den Kunden allerlei mögliche Risiken vorführen. So wird bei der Kündigung der teuren Unfallversicherung sofort darauf hingewiesen, dass man nun ja im Falle eines schweren Unfalls nicht mehr umfassend geschützt sei. Solche Sätze wecken Ängste, schnell tendiert man dazu, die Versicherung doch weiterlaufen zu lassen. Auf die paar Euro im Monat kommt es ja nicht an. Es empfiehlt sich daher, die eigene Versicherungssituation genau und möglichst rational zu durchdenken. Dabei sollte man im Hinterkopf behalten, dass auch die Versicherungen Teil des kapitalistischen Systems sind, dass man daher kaum unabhängig beraten wird. Auf die Hausratsversicherung zu verzichten verschafft nicht nur eine bürokratische und finanzielle Entlastung, sondern kann auch ein Gefühl von Befreiung und Unabhängigkeit vom System auslösen. Ein kleines Abenteuer für Menschen mit niedrigen und hohen *Sensation-seeking*-Werten.

V.
Selbstsorge für das richtige Leben im falschen

1. *Gesundheit*

Während früher der Gesundheitszustand als schicksalhaft angesehen wurde und man sich nur dann um sein Gesundwerden bemühte, wenn man eben erkrankt war, steht uns heutzutage ein großes Ausmaß an Wissen darüber zur Verfügung, was wir tun können, um uns gesund zu erhalten, gar nicht erst krank zu werden, vorzubeugen. Und zwar physiologisch und psychisch. Neue wissenschaftliche Belege dafür, welche Verhaltensweisen gut sind und welche wir eher unterlassen sollten, erreichen uns fast täglich. »Salutogenese« heißt hier das Stichwort: die »Gesundheitsentstehung«. Gesundheit wird also nicht mehr als gegeben angesehen und Krankheit als eine Störung dieses Grundzustandes, nein, vielmehr muss man für seine Gesundheit arbeiten, etwas leisten, Einsatz zeigen. Der Begriff der Salutogenese wurde in den achtziger Jahren von dem amerikanischen Wissenschaftler Aaron Antonovsky geprägt. Antonovsky fand in einer Untersuchung heraus, dass dreißig Prozent der Überlebenden eines Konzentrationslagers dreißig Jahre später keinerlei gesundheitliche Beeinträchtigungen zeigten. Dies war eine erstaunlich hohe Zahl in Anbetracht des Horrors, den die Menschen in KZs erlebt hatten. Heutzutage würde in diesem Zusammenhang das Konzept der Resilienz genannt werden. Auch Antonovskys Theorie gehört besonders in den Bereich der psychischen Widerstandskraft. Nach ihm sind drei Aspekte zentral für die Gesunderhaltung: die Fähigkeit, Erlebnisse zu verstehen und einzuordnen, das Gefühl, die Kontrolle über das eigene Leben zu haben und es gestalten zu können, sowie das Empfinden, dass Anstrengungen und Herausforderungen einen Sinn haben.

Diese Faktoren tragen dazu bei, wie widerstandsfähig ein Mensch gegen Stress ist, und sind insofern tatsächlich wichtig für die psychische und physische Gesundheit. Diese beiden Bereiche sind nicht klar voneinander zu trennen, sondern vielfältig miteinander verwoben. Trotzdem können wir postulieren, dass zur physischen Gesundheit noch einige weitere Faktoren beitragen als die oben genannten. Als Kernbereiche haben sich herausgebildet: Ernährung, Fitness und Schlaf. Die Salutogenese, der Einsatz für die eigene Gesundheit, umfasst insofern heutzutage wesentlich mehr als bloß die Einstellung. Der Zusatz dieser weiteren drei Bereiche kann uns außerdem zu verstehen helfen, wieso in einem Land wie Deutschland, das bestens mit Ärzten und neuesten medizinischen Technologien versorgt ist, viele Menschen unter gesundheitlichen Problemen leiden.

Doch ist das denn wirklich so? Man hört regelmäßig von Beschwerden der Wirtschaft über den hohen Krankenstand. Diese beziehen sich meist auf die Dauer der durchschnittlichen Arbeitsunfähigkeit, die für jeden Arbeitnehmer 2018 durchschnittlich bei 18,5 Tagen pro Jahr lag und seit 2008 ständig gestiegen ist.[1] Insgesamt herrschte 2019, also vor Corona, in Deutschland ein Krankenstand von 4,4 Prozent der Erwerbsbevölkerung.[2]

1 Rainer Woratschka, »Neuer Rekord beim Krankenstand«, in: *Der Tagesspiegel* (5. Dezember 2019), online verfügbar unter: {https://www.tagesspiegel.de/politik/beschaeftigte-fehlten-im-schnitt-an-18-5-tagen-neuer-rekord-beim-krankenstand/25296522.html}.

2 »Monatlicher Krankenstand der Mitglieder in der GKV nach Geschlecht in den Monaten September 2019 bis September 2020«, Oktober 2020, online verfügbar unter: {https://de.statista.com/statistik/

Für uns ist hier nicht die Frage nach der Arbeitsfähigkeit wichtig, sondern die nach der tatsächlichen Gesundheit der Gesamtbevölkerung. Diese ist wahrscheinlich nicht erfasst mit der Anzahl der krankgemeldeten Angestellten. In der obigen Zahl fehlt ein Großteil der Bevölkerung (Rentner, Studenten, Jugendliche und Behinderte, Wehr-, Zivil- und Dienstleistende bei der Bundespolizei beziehungsweise der Bundeswehr, landwirtschaftliche Unternehmer, Arbeitslosengeld- sowie Vorruhestandsgeldempfänger) sowie all diejenigen, die trotz Krankheit (insbesondere psychischer Erkrankung) zur Arbeit gehen, meist aus Angst vor Jobverlust. Hinweise auf die gesundheitlichen Beschwerden, die ja nicht unbedingt mit der Arbeitsfähigkeit zusammenhängen müssen, zeigen sich in der Häufigkeit der Arztbesuche: 17 Mal geht ein Deutscher im Schnitt im Jahr zum Arzt. Den Krankenkassen zufolge handelt es sich hierbei meist um folgende Beschwerden: Rückenschmerzen (25 Prozent), Bluthochdruck (24,5 Prozent), Fettstoffwechsel (19 Prozent), Grippe, Bauchschmerzen und Übergewicht.[3] 9,4 Prozent leiden nach Aussage der Krankenkassen an Depressionen – gerade hier gibt es sicherlich eine höhere Dunkelziffer. Die häufigsten gesundheitlichen Probleme, Rückenschmerzen und Bluthochdruck, können ganz klar als Zivilisationskrankheiten identifiziert werden, also als Erkrankungen, die sich aus unserem modernen Lebensstil ergeben.

Hier kommen wir zu einem höchst kritischen Punkt. Denn man könnte diese Zivilisationskrankheiten ja auch gut als »Wohlstandskrankheiten« bezeichnen. In unserer Gesellschaft

daten/studie/38600/umfrage/krankenstand-bei-pflichtmitgliedern-der-gkv/}.

3 »Zahl der Arztbesuche und häufigste Krankheiten in Deutschland«, 2020, online verfügbar unter: {https://www.krankenkassen.de/gesundheit/gesundheit-aktuell/arztbesuche-krankheiten/}.

ist es problemlos möglich, zu viel zu essen, zu wenig zu schlafen und sich so wenig wie möglich zu bewegen. Es ist nicht nur möglich, es ist tatsächlich das, was mehr oder weniger von selbst geschieht – wer sich gesund halten möchte, muss dem aktiv entgegensteuern. Unser Körper hat sich in einem Jahrmillionen andauernden evolutionären Prozess an gewisse Umweltbedingungen angepasst: an eine bestimmte Menge Bewegung und Schlaf, an bestimmte Formen der Ernährung. Unser heutiges Leben in der Wohlstandsgesellschaft unterscheidet sich stark von diesen ursprünglichen Umweltbedingungen – und das erst seit wenigen Generationen. Dass innerhalb der kurzen Zeit, seit der der Durchschnittsmensch Büroarbeit betreibt und von Großkonzernen produzierte Nahrung zu sich nimmt, eine evolutionäre Anpassung stattgefunden hätte, ist nicht möglich. Vor allem auch, weil ja gar kein »Evolutionsdruck« besteht: Zwar leiden wir unter den Zivilisationskrankheiten, doch beeinträchtigen diese ja kaum unsere Fähigkeit zur Fortpflanzung. Und genau hier kehren wir zur Salutogenese zurück, allerdings nicht in der Form der Gesunderhaltung, sondern vielmehr als einer Art »Gesundheitsarbeit«.

Wer in der Wohlstandsgesellschaft leben und *trotzdem* gesund sein möchte, muss Zeit und Energie investieren. Gesundheit geschieht bei uns nicht von selbst. Wir wollen hier auf die bereits genannten Punkte Ernährung, Fitness und Schlaf genauer eingehen.

Ernährung

Sich gesund zu ernähren ist nicht leicht. Nicht etwa weil man besonders viel Fachwissen benötigt, nein, auch hier wieder: Unsere Lebenswelt erschwert uns den Zugang. Wer im Supermarkt Nahrungsmittel kaufen möchte, muss sich aktiv darum bemühen, *gesunde* Produkte zu kaufen. All die Zutatenlisten nach zugesetztem Zucker und Emulgatoren zu durchforsten kostet Zeit. Zur Kasse kommt man oft nur, wenn man entweder durch die Süßigkeitenreihe, die Chipsregale oder das Alkoholangebot geht. Die Nicht-Wahl dieser Produkte kostet mal mehr, mal weniger Willenskraft. Dies hat mehrere Gründe, die zusammenspielen: Verkaufsstrategien, unsere evolutionär geprägten Veranlagungen und natürlich auch die nötige Kenntnis.

Ähnlich wie bei den Bereichen Werbung und Konsum bereits beschrieben, ist es auch bei der Ernährung selbst für diejenigen, die Verkaufsstrategien der Lebensmittelkonzerne und Supermärkte durchschauen, äußerst schwer, sich ihnen zu widersetzen. Marketingexperten investieren schließlich viel Zeit und Geld, um herauszufinden, wie sie die Produkte erfolgreicher verkaufen. Und ob nun wissentlich oder unwissentlich: Sie nutzen dabei Tricks, auf die unsere evolutionäre Veranlagung anspricht. Selbst wenn wir wissen, dass zu viel Zucker ungesund ist, greifen wir im letzten Moment doch zum Schokoriegel an der Kasse, aus einem Impuls heraus. Im Schnitt kauft jeder Deutsche 28,5 Kilogramm Süßigkeiten im Jahr – Tendenz steigend.[4] Über das Problem mit der Willenskraft haben wir in Bezug auf Konsum im Allgemeinen schon gesprochen. Doch bei der Ernährung spielt auch unsere evolutionär ausgebildete Veranlagung eine wichtige Rolle, vermutlich eine zentrale. Die Ernährungsvorlieben werden stark durch unsere Veranlagung gesteuert, denn das Ab-

4 »Pro-Kopf-Absatz von Süßwaren in Deutschland in den Jahren 2012 bis 2025«, Juli 2020, online verfügbar unter: {https://de.statista.com/statistik/daten/studie/164260/umfrage/pro-kopf-verbrauch-von-suesswaren/}.

decken aller Makro- und Mikronährstoffe ist notwendig für das Überleben und die biologische Fitness und unterlag daher besonders stark dem Evolutionsdruck. Doch die Umwelt, in der sich unsere Vorlieben herausgebildet haben, unterscheidet sich grundsätzlich von der modernen Lebenswelt.

Die Präferenz des Menschen ist es, möglichst viel Süßes, Fettiges und Salziges zu sich zu nehmen. Doch nicht etwa, weil das im Übermaß gesund ist. Vielmehr ist der Grund, dass unsere Vorfahren fast nie in den Genuss von zucker-, fett- oder salzhaltigen Lebensmitteln kamen, diese in geringen Mengen jedoch sehr wohl brauchten. So spricht das Belohnungssystem besonders stark auf die Reize süß, salzig und fettig an, um die Versorgung mit diesen Nährstoffen zu sichern. Wie viel geringer diese Mengen jedoch waren als das, was heute konsumiert wird, wird deutlich, wenn man die Süße von wilden Äpfeln oder Wildkirschen mit der Süße eines Stückes Schokolade vergleicht. Tatsächlich schmecken uns die kleinen bitteren Wildäpfel und die sauren Wildkirschen meist gar nicht – eben weil wir so gewöhnt sind an unsere Lebensmittel mit zugesetztem Zucker. Wer seine geschmackliche Sensibilität für Süßes wieder erhöhen möchte, kann für einige Wochen oder besser Monate auf Süßigkeiten, Säfte und Limonaden verzichten – und wird danach feststellen, wie übertrieben süß unsere Lebensmittel sind. Fast-Food-Lebensmittel enthalten ganz bestimmte Verhältnisse von Fett, Zucker und Salz, die genau auf unsere Begehrnisse abgestimmt sind,[5] die uns also immer weiteressen lassen, selbst wenn wir bereits satt sind. Hierbei ist es interessant zu bedenken, dass diese drei Zutaten besonders billig sind. Nahrungsmittelkonzerne versuchen also die Kombination dieser

5 Michael Moss, *Salt Sugar Fat: How the Food Giants Hooked Us*, New York: Random House 2014.

drei Zutaten zu finden, die das Essen am leckersten macht – statt auf zusätzliche, komplexere Gewürze zu setzen.

Hier kommen wir zum nächsten Punkt: die nötige Kenntnis. Für Nicht-Wissenschaftler ist es geradezu unmöglich, nachzuprüfen, welche der ständig auf uns einprasselnden Empfehlungen zum Thema Ernährung richtig und welche falsch sind. Erst sollte man möglichst auf Fett verzichten, dann auf Gluten, jetzt auf Zucker. Den Überblick zu behalten scheint unmöglich. Das führt dazu, dass manche Menschen monatlich neue Diäten beginnen, von Trennkost über Rohkost zu Paleo, oder auf neueste Superfoods setzen – Acaiberries, Gojiberries, Algen. Andere hingegen versuchen gar nicht erst, sich gut zu ernähren, sondern essen einfach, worauf sie Lust haben – was, wie beschrieben, leider meist in einem übermäßigen Verzehr von Zucker, Salz und Fett resultiert. Wer sich wirklich informieren möchte, muss Zeit und Mühe investieren. Gesunde Ernährung wird damit zum Luxusprodukt. Dabei müssen es nicht die teuren Bioprodukte sein, gesunde Nahrungsmittel kann man auch beim Discounter kaufen. Man muss eben nur wissen, was man kaufen soll. Und wer hat denn schon Zeit, wissenschaftliche Artikel aus der Nahrungsmittelforschung zu lesen? Ernährung als Schulfach würde dem Abhilfe schaffen, wenn es auf den neuesten wissenschaftlichen Erkenntnissen basieren würde.

Tatsächlich ernähren sich die meisten von uns falsch. 60 Prozent der Deutschen sind übergewichtig,[6] und 87 Prozent essen zu wenig Gemüse.[7] Dabei zeigt neueste Forschung,

6 »Mehr als die Hälfte aller Erwachsenen in Deutschland ist übergewichtig«, ärtzeblatt.de (2. April 2019), online verfügbar unter: {https://www.aerzteblatt.de/nachrichten/102121/Mehr-als-die-Haelfte-aller-Erwachsenen-in-Deutschland-ist-uebergewichtig}.

7 Deutsche Gesellschaft für Ernährung, »Bedeutung von Obst und Gemüse in der Ernährung des Menschen«, August 2011, online verfüg-

dass die Art der Ernährung noch wichtiger ist als bisher angenommen. In den letzten Jahren wird ein erstaunliches Ergebnis nach dem anderen aus dem Bereich des Darm-Mikrobioms veröffentlicht, also aus der Forschung an unseren Darmbakterien. Unsere Darmgesundheit hat einen viel weitreichenderen Einfluss als lediglich auf unsere Versorgung mit Nährstoffen. Darmbakterien produzieren in ihrem Stoffwechsel Stoffe, die mit unserem Körper interagieren und sogar die Aktivität unserer Nervenzellen im Gehirn beeinflussen können. So konnte gezeigt werden, dass Mäuse, die komplett ohne Darmbakterien aufwachsen und leben (sogenannte »Germ-free«-Mäuse), ängstlicher sind als Mäuse mit Darmbakterien. Bekommen diese Germ-free-Mäuse nun Darmbakterien von normalen Mäusen zugeführt, normalisiert sich ihr Verhalten. Bekommen sie die Darmbakterien von übergewichtigen Mäusen, werden sie selbst übergewichtig. Ein anderes Beispiel: Kindern, die unter schwerer und nicht therapierbarer Epilepsie litten, half die sogenannte ketogene Diät (also Verzicht auf Kohlenhydrate, Energiegewinn aus dem Fettstoffwechsel). Der Grund dafür war, dass bei der ketogenen Ernährung eine bestimmte Sorte Bakterien im Darm dominierte, welche durch ihre Stoffwechselprodukte die Balance der Botenstoffe Glutamat und γ-Aminobuttersäure im Gehirn regulierte. Infolge dieser Diät erlitten die Kinder deutlich weniger epileptische Anfälle. Es gibt auch Hinweise darauf, dass ketogene Ernährung bei Migräne helfen kann und möglicherweise sogar die Symptome bei Schizophrenie abschwächt. Über diesen Zusammenhang

bar unter: {https://www.dge.de/wissenschaft/weitere-publikationen/fachinformationen/bedeutung-von-obst-und-gemuese-in-der-ernaehrung-des-menschen}. Nach Verzehrstudie II, 2005/6. Die Nationale Verzehrstudie III läuft noch.

zwischen Darm und Gehirn (engl.: »the gut-brain-axis«) kann die Ernährung sogar die Psyche beeinflussen.

Ernährungs- und Mikrobiomforscher warnen, dass wir mit unserer westlichen Ernährungsweise – viele Kohlenhydrate, stark vorverarbeitetes Essen, viel Zucker und Fett, zu wenig Pflanzenfasern – eine deutlich geringere Diversität unserer Darmbakterien haben als unsere Vorfahren. Hinzu kommt, dass Zusätze wie Emulgatoren und Konservierungsmittel die schützende Schicht unserer Darmwand angreifen und durchlässig machen, während große Mengen Zucker zu einer höheren systemischen Entzündung führen. Immer mehr Studien legen nahe, dass all diese Faktoren zu vielen der Zivilisationskrankheiten beitragen, beispielsweise zu Depression, Angststörungen, Reizdarmsyndrom, Diabetes, Parkinson und Allergien. Die renommierten Mikrobiomforscher John Cryan und Ted Dinan empfehlen, Zucker höchstens ein Mal pro Woche zu essen, fermentierte Lebensmittel dafür am besten täglich.[8] Zu Letzteren gehören Joghurt, Sauerteigbrot, Kimchi, Sauerkraut – oder in Getränkeform Kefir und Kombucha. Zudem sollte die Nahrung viele Pflanzenfasern erhalten, die sich vor allem in Vollkornprodukten und Gemüse finden.

Dass wir über das, was wir unserem Körper zuführen, einen Einfluss auf unsere Gesundheit und unser Wohlergehen haben, ist nicht überraschend. Dass es uns so schwerfällt, in einer Umgebung, die unsere ältesten Instinkte zur Nahrungssuche anregt, uns gesund zu ernähren – also eigentlich entgegen unseren Instinkten –, ist ebenfalls nicht überraschend. Was hingegen verwundert, ist, wie wenig dafür getan wird,

8 Scott C. Anderson, John F. Cryan und Ted Dinan, *The Psychobiotic Revolution. Mood, Food, and the New Science of the Gut-Brain Connection*, Washington, DC: National Geographic 2017.

unsere Ernährung zu verbessern, wenn dies doch zum Wohle der gesamten Bevölkerung wäre. So liegt es auch hier wieder in der Hand des Einzelnen, sich entgegen dem Strom um sein eigenes Wohlergehen zu bemühen.

Fitness

Ähnlich wie mit der Ernährung verhält es sich mit der körperlichen Fitness: Dass Sport für die Gesundheit wichtig ist, wissen alle, doch wann findet man die Zeit, wie passt das in den Alltag und woher nimmt man die Motivation nach einem harten Tag? Auch in diesem Bereich hat sich ein gesunder Lebenswandel zu einem Abgrenzungsmerkmal der Oberschicht entwickelt. Private Trainingseinheiten beim eigenen Fitnesscoach gehören zum guten Ton in den gehobenen Kreisen. Die Mittelschicht geht immerhin noch wöchentlich zum Yoga- oder Pilateskurs. Dabei muss es gar nicht ein teurer Kurs im schicken Yogastudio sein. Im Internet finden sich unzählige kostenlose Fitnessvideos, bei denen man einfach zu Hause und ohne teure Yogapants mitmachen kann.

Allerdings: Ob man nun ein paar Mal in der Woche ins Fitnessstudio geht oder zu Hause im Wohnzimmer zu einem YouTube-Video Liegestütze macht – das reicht leider noch nicht aus, um Zivilisationskrankheiten zu verhindern. Wer zwar drei Mal die Woche eine Stunde Sport macht, aber bei der Arbeit acht Stunden lang vor dem Computer sitzt, hat nicht viel gewonnen. Im Schnitt betreiben wir nur ein Prozent unserer wachen Zeit Sport, während wir acht Stunden am Tag sitzen. Nur wer sich täglich mehr als eine Stunde wirklich anstrengt, kann den negativen Konsequenzen des langen Sitzens erfolgreich entgegenwirken.

Zu diesen negativen Konsequenzen gehören neben Herz-

Kreislauf-Erkrankungen und Rückenschmerzen auch Depressionen. Dabei müssten wir gar nicht unbedingt mehr Sport treiben, sondern einfach nur körperlich aktiver sein. Auch hierfür findet sich die Erklärung wieder in unserer Entwicklungsgeschichte. Unsere Vorfahren sind zu Zeiten der Jäger-und-Sammler-Gesellschaften täglich vermutlich zwischen 15 000 und 20 000 Schritte gelaufen, während wir modernen Menschen im Schnitt auf gerade einmal 7000 Schritte am Tag kommen. Gleichzeitig sind wir viel mobiler als unsere Vorfahren und können in unfassbarer Geschwindigkeit um die Welt reisen – doch dabei sitzen wir absurderweise stundenlang.

Es ist plausibel, dass zu wenig Bewegung zu Krankheit und Depression führt,[9] wenn diese Lebensweise des ständigen Sitzens so gar nicht dem entspricht, wie unsere Vorfahren für Hunderttausende von Jahren gelebt haben. Eine Studie konnte zeigen, dass regelmäßige sportliche Betätigung tatsächlich einen ebenso guten Effekt hatte wie die Behandlung einer Depression auf die gängige Art und Weise (das bedeutete in diesem Fall drei bis fünf Termine Gesprächstherapie und Medikation). Dabei kommt es auch nicht darauf an, welche Art von Sport betrieben wird: Ausdauer- und Krafttraining hatten denselben Effekt. Eine andere Studie hat gezeigt, dass besonders alle Aktivitäten, die unsere Beine beanspruchen, eindeutig mit unserer Gesundheit und sogar dem Zustand unserer Nervenzellen zusammenhängen.

In Bezug auf die Fitness kann jeder für sich selbst *versuchen*, mehr körperliche Aktivität in seinen Tag einzubauen. Leicht ist dies nicht, besonders für diejenigen, deren Beruf langes Sitzen verlangt. Wenn es nicht gern gesehen ist, dass

9 Im 18. Jahrhundert wurde die Melancholie als die Krankheit der sitzenden Berufe, der Weber und Philosophen bezeichnet!

man öfters Pausen einlegt, um aufzustehen, bietet sich an, einmal mehr zur Toilette, zum Kopierer oder zum Wasserspender zu gehen. Denn am wichtigsten scheint es zu sein, das lange Sitzen immer wieder zu unterbrechen. Wer die Möglichkeit hat, an einem Schreibtisch im Stehen zu arbeiten, sollte dies regelmäßig nutzen. Auch auf einem Ball statt einem Stuhl zu sitzen könnte helfen, da man sich auf dem Ball automatisch mehr bewegt.

Dass man überhaupt solche Tricks und Vorwände in Betracht ziehen muss, sollte zu denken geben. Die Arbeits- und Leistungsgesellschaft priorisiert die sichtbare Arbeitsleistung, die in den meisten Fällen durch Präsenz am Schreibtisch charakterisiert ist, gegenüber tatsächlicher Effizienz und Arbeitnehmergesundheit. Ironischerweise schädigt dies nicht nur die Arbeitnehmer, sondern letztendlich auch die Produktivität der gesamten Firma. Wer die Möglichkeit hat, seinen natürlichen, biologisch gegebenen Rhythmen zu folgen – und das heißt, intensiv zu arbeiten, wenn der Körper in einer Produktivitätsphase ist, und Pausen einzulegen, also zu ruhen beziehungsweise sich zu bewegen, wenn der Körper in einer Ruhephase ist –, der kann in den Arbeitsphasen mehr und bessere Leistungen erbringen. Selbst wenn wir hier eigentlich gegen die Ideologie von Leistung und Arbeit als Lebensmittelpunkt argumentieren, so könnte doch mit einem Umdenken in der Unternehmerwelt eine Verbesserung für alle erreicht werden.[10]

10 Tony Schwartz, *Be Excellent at Anything. Four Changes to Get More Out of Work and Life*, New York: Simon & Schuster 2010.

Sieben Stunden Schlaf pro Nacht empfiehlt die American Academy of Sleep Medicine.[11] Weniger Schlaf korreliert statistisch mit zahlreichen Erkrankungsrisiken und ist mit einer höheren Mortalitätsrate assoziiert. Sehr viel mehr, das heißt mehr als neun Stunden, scheint auf Dauer auch nicht gesund zu sein (eine Ausnahme bilden hier Jugendliche, die vermutlich mehr Schlaf benötigen). Viele von uns opfern Schlaf, da wir einfach so viel zu erledigen haben. Es ist schwierig, unseren Verpflichtungen von Beruf über Hausarbeit bis hin zu Familie und Freunden nachzukommen. Man holt das Letzte aus sich heraus oft in der Hoffnung, dann produktiver zu sein und mehr zu erledigen. Tatsächlich ist es meist sinnvoller, zu schlafen und am nächsten Morgen frisch und erholt eine Aufgabe zu vollenden, statt abends noch lange davorzusitzen. Wer zu wenig schläft, erreicht nicht sein höchstes Potenzial. Sogenannte High Performers schlafen meist mehr und nicht weniger als der Durchschnittsbürger.

Ebenso wie schlechte Ernährung und zu wenig körperliche Betätigung, erhöht zu wenig Schlaf das Risiko für Depressionen, Angststörungen, Bluthochdruck und viele andere Erkrankungen. Denn Körper und Geist brauchen ausreichend Pausen, um sich zu erholen, um das Erlebte des vergangenen Tages zu verarbeiten und auch, um Schäden an Zellen zu reparieren. Während wir schlafen, wird unser Gehirn ausgewaschen: Der Raum zwischen den Zellen weitet sich (bei Mäusen um ganze sechzig Prozent!), und Cerebrospinalflüs-

11 M. Safwan Badr, Gregory Belenky, Donald L. Bliwise et al., »Recommended Amount of Sleep for a Healthy Adult: A Joint Consensus Statement of the American Academy of Sleep Medicine and Sleep Research Society«, in: *Journal of Clinical Sleep Medicine* 11/06 (2015), S. 591 f.

sigkeit spült Giftstoffe und Stoffwechselendprodukte weg. Dazu gehören beispielsweise die Beta-Amyloide, deren Ansammlung im Gehirn mit Alzheimer in Verbindung gebracht wird. In der Cerebrospinalflüssigkeit können auch Gliazellen und Mikroglia, die Immunzellen des Gehirns, umherschwimmen und »aufräumen«. Zu wenig Schlaf führt zudem zu Übergewicht, denn während wir schlafen, produziert unser Körper Leptin, das Hormon, das uns das Gefühl von Gesättigtsein gibt. Wer weniger schläft, ist hungriger.

Doch strikte Deadlines, Kaffee und elektrisches Licht bringen den modernen Arbeitsmenschen dazu, nicht auf die innere Uhr zu hören, sondern so lange wach zu bleiben wie gewollt oder nötig. Oder wir wollen schlafen, können aber nicht. Die Deutsche Angestellten-Krankenkasse schreibt in ihrer *Gesundheitsstudie 2017*, dass 80 Prozent der Erwerbstätigen schlecht schlafen, ein Anstieg um 66 Prozent seit 2010.[12] Jeder Zehnte leidet unter schweren Schlafstörungen. Das ist eine erschreckend hohe Zahl. Denn wer müde ist, erhöht nicht nur eigene gesundheitliche Risiken, sondern stellt ein Risiko für seine Mitmenschen dar – im Straßenverkehr, bei verantwortlichen Tätigkeiten im Beruf oder im Haushalt. Was hat sich seit 2010 geändert? Was einem hier sogleich in den Sinn kommt, ist der Vormarsch des Smartphones. Mit Sicherheit besteht hier ein Zusammenhang. Viele Menschen nehmen ihr Smartphone mit ans Bett, der letzte und der erste Blick gehen auf den Bildschirm. Womöglich wird man sogar von nächtlich ankommenden Nachrichten geweckt. Künstliches Licht unterdrückt die Produktion von Melatonin, des Hormons, das uns müde macht. Besonders der Blaulicht-

12 Die Ergebnisse der Studie sind online verfügbar unter: {https://www.dak.de/dak/bundesthemen/muedes-deutschland-schlafstoerungen-steigen-deutlich-an-2108960.html#/}. Die *Gesundheitsstudie 2019* enthält keine Daten zu Schlafproblemen.

anteil, der vom Bildschirm ausgeht, stört den biologischen Tag-Nacht-Rhythmus. Neuere Smartphone-Modelle sind mit einem Blaulicht-Filter ausgestattet, den man sogar automatisch zu bestimmten Zeiten an- und ausstellen kann – am besten nicht erst zur Schlafenszeit, sondern schon zwei Stunden vorher, damit der Körper genug Zeit hat, Melatonin zu produzieren und müde zu werden.

Infolge des Anstiegs der Schlafstörungen nehmen inzwischen verglichen mit 2010 doppelt so viele Berufstätige Schlafmittel![13] So entstehen häufig Abhängigkeiten, und man läuft Gefahr, in einen Teufelskreis zu geraten. Denn Schlaf, der durch Medikamente hervorgerufen wird, ist weniger erholsam. Wer dann am nächsten Tag immer noch müde ist, trinkt mehr oder stärkeren Kaffee. Die Wirkung von Koffein setzt erst nach 30 bis 45 Minuten ein, so dass mancher Ungeduldige bereits die zweite Tasse getrunken hat, bevor er oder sie überhaupt etwas spürt. Koffein wird im Durchschnitt nach 4 bis 8 Stunden wieder ausgeschieden, bei manchen Menschen kann es aber auch ganze 20 Stunden dauern, bis das Koffein den Körper verlassen hat oder verstoffwechselt wurde. Insofern kann die Tasse Kaffee am Nachmittag durchaus eine negative Wirkung auf die abendliche Müdigkeit haben. Es empfiehlt sich, den Kaffeegenuss auf den Morgen zu beschränken, in Maßen zu halten und die nachmittägliche Müdigkeit, die sich bei den meisten nach dem Mittagessen einstellt, für einen Spaziergang, ein Schläfchen oder irgendeine Tätigkeit zu nutzen, bei der man sich nur mäßig konzentrieren muss.

Zahlreiche Untersuchungen belegen, dass die naive Gleichsetzung von Wohlstand und Wohlbefinden nicht richtig ist. Je mehr wir unsere Lebenswelt in der Wohlstandsgesellschaft

13 Ebd.

betrachten, desto mehr finden wir gerade in ihr eine Erklärung für das Gefühl von Unbehagen: Unsere einfachsten Verhaltensweisen – essen, uns bewegen und schlafen – sind aufgrund der Struktur unserer Gesellschaft so stark abgewandelt worden, dass wir uns selbst damit grundlegend schaden und Zivilisationskrankheiten die Vorteile, die die moderne Medizin für uns Menschen geschaffen hat, wieder zunichtemachen. Wir leben nicht mehr artgerecht.

Dem müssen wir aktiv entgegenwirken. Die Gesunderhaltung wird inzwischen von den Krankenkassen prämiert: Wer regelmäßig Sport treibt oder zur Ernährungsberatung geht, der wird belohnt. »Die Mitgliedschaft im Fußballverein, der regelmäßige Check beim Zahnarzt, der Nichtraucherkurs nach Neujahr – all das bringt Punkte«, heißt es auf der Internetpräsenz der Techniker Krankenkasse.[14] Die Punkte nutzt man dann für weitere Leistungen, etwa eine professionelle Zahnreinigung. Diese Strategie der Krankenkassen nennt man »Nudging« (auf Deutsch etwa »Stupsen«), und es handelt sich hierbei um eine Methode, die die Menschen nicht zu einem bestimmten Verhalten zwingt – was viele als übergriffig empfinden und daher zum gegenteiligen Verhalten führen kann –, sondern durch Anreize die gewünschten Verhaltensweisen hervorrufen soll.

Wie ist dies einzuordnen? Einerseits könnte man sagen, dass es etwas Gutes ist, wenn mehr Menschen sich gesund ernähren und Sport treiben, denn davon profitieren in erster Linie sie selbst. Gleichwohl muss man das »Nudging« durch die Krankenkassen aber auch kritisch betrachten. Denn da-

14 »Alles geben, richtig punkten!« (26. Juni 2019), online verfügbar unter: {https://www.tk.de/techniker/service/gesundheit-und-medizin/praevention-und-frueherkennung/tk-bonusprogramm/programm-2010356}.

hinter steht natürlich in erster Linie ein Profitdenken. Zudem unterläuft das neue Prämienprinzip langsam das alte Solidaritätsprinzip. Ursprünglich zahlte man in die Kasse ein, wenn man jung und gesund war, und davon wurden die höheren Kosten der älteren und kränkeren Mitglieder finanziert. Durch das Prämienprinzip wird man selbst mehr und mehr für die eigene Gesundheit verantwortlich gemacht: Man trägt das Gesundheitsrisiko nicht länger gemeinsam, vielmehr versichert sich der Einzelne gegen *sein* Risiko, krank zu werden. Da die Kassen alle gesundheitsfördernden Verhaltensweisen registrieren, läuft dieses System Gefahr, in Zukunft diejenigen abzustrafen, die sich nicht vorbildlich verhalten haben. Durch Schrittzähler und Work-out-Apps, die die tatsächlich absolvierten Trainingseinheiten aufzeichnen, entsteht ein Überwachungssystem, in dem der Einzelne eben nicht nur in eine Richtung »gestupst« wird, sondern sich mehr oder weniger freiwillig einer Kontrolle der eigenen Gesundheitsarbeit unterwirft. Mancher wird nun vielleicht sagen: Ist doch richtig so, wieso sollte ich für die teure Chemotherapie eines langjährigen Rauchers aufkommen? Doch damit tut man vielen Menschen unrecht. Eine Studie konnte zeigen, dass zwei Drittel aller Mutationen, die zu Krebs führen, reine Zufallsmutationen sind, denen man nicht durch bestimmte Verhaltensweisen hätte vorbeugen können![15]

Wir befinden uns in einem Dilemma. Einerseits ist es für den Einzelnen ja meist tatsächlich von Vorteil, sich gesund zu ernähren und Sport zu treiben, also »etwas für sich zu tun«. Gleichzeitig laufen wir Gefahr, uns freiwillig in eine Art Gesundheitsdiktatur zu begeben, in der wir uns selbst

15 Cristian Tomasetti, Lu Li und Bert Vogelstein, »Stem Cell Divisions, Somatic Mutations, Cancer Etiology, and Cancer Prevention«, in: *Science* 355/6331 (2017), S. 1330-1334.

der Wahlfreiheit berauben, da wir möglicherweise in Zukunft für unser gesundheitsschädigendes Verhalten bestraft werden könnten. *Sie kennen dich! Sie haben dich! Sie steuern dich! Die wahre Macht der Datensammler* lautet denn auch der Titel eines Buches, geschrieben von einem Autor, der selbst im Bereich Big Data gearbeitet hat.[16] Er berichtet von einem Bekannten, der in leitender Position in der Versicherungsbranche tätig ist und in Voraussicht möglicher zukünftiger Vergeltung durch die Krankenkassen ungesundes Essen im Supermarkt mit Bargeld bezahlt, gesundes Essen jedoch mit der Kreditkarte, um Algorithmen, die in Zukunft sein Kaufverhalten analysieren, nur sein bestes Verhalten zu präsentieren.

Doch das Dilemma ist noch schwerwiegender. Wie bereits beschrieben, handelt es sich bei vielen unserer Erkrankungen um Zivilisationskrankheiten, Erkrankungen also, die sich aus unserer Art zu leben ergeben. Insofern ist es schlichtweg unmoralisch, dem Einzelnen die Verantwortung für seine Gesunderhaltung zuzuschreiben, während gleichzeitig die Arbeitswelt Verhaltensweisen verlangt, die genau die entgegengesetzte Wirkung haben. Der Durchschnittsbürger ist gar nicht in der Lage, das gesamte Spektrum der Gesundheitsarbeit zu leisten, und fühlt sich auf Dauer in alle Richtungen gezerrt und unzulänglich.

Für einen bleibenden Effekt müsste sich unsere Arbeitswelt ändern, müssten wir vom Leistungsgedanken Abschied nehmen, müssten wir als Gesellschaft neue Formen von Gemeinschaft, Anerkennung des Einzelnen und Identitätsbildung etablieren. Denn dass wir keine Zeit haben, aus frischen

16 Markus Morgenroth, *Sie kennen dich! Sie haben dich! Sie steuern dich! Die wahre Macht der Datensammler*, München: Droemer Knaur 2014.

Zutaten gesunde Speisen zu bereiten, dass wir stundenlang vor Bildschirmen sitzen und uns daher weder genug bewegen noch ausreichend schlafen – das ist vor allem eine Folge des Leistungsdrucks in der Arbeitswelt und des Achtstundentags (der ja in vielen Bereichen länger als acht Stunden dauert). Im Kleinen und im Privaten kann jeder versuchen, seine Lebenswelt so gut wie möglich anzupassen. Und wer eine Abteilung leitet und somit über das Schicksal seiner Mitarbeiter entscheiden kann, dem soll hier mitgegeben werden, dass Arbeit in Blöcken von 90 Minuten mit mindestens 15-minütigen Pausen, in denen die Angestellten etwas komplett anderes machen, beispielsweise einen Spaziergang oder einen Powernap, zu deutlich höherer Effizienz und Produktivität führt.[17] Doch für einen wirklichen Paradigmenwechsel, der alle Bevölkerungsschichten und -gruppen erreicht, müsste ein Umdenken auf gesamtgesellschaftlicher Ebene erfolgen, was aktuell nicht absehbar ist.

Stressbewältigung

In einer Gesellschaft, die auf dem Leistungsprinzip basiert, sind Stress und Erfolg eng miteinander verknüpft. Klagen über Stress am Arbeitsplatz gehören zum Alltag, sie sind fast so häufig zu vernehmen wie Kommentare über das Wetter. Umgekehrt hört man selten die Bemerkung »Ach, bei mir läuft alles ganz entspannt. Gestresst bin ich bei der Arbeit eigentlich nie.« Stress bei der Arbeit ist ein Leistungsbeweis, beinahe eine Art Abzeichen. Wer keinen Stress empfindet, macht nicht richtig mit (in Japan gilt es als gutes Zeichen entsprechenden Einsatzes, bei wichtigen Sitzungen ab und zu

17 Schwartz, *Be Excellent at Anything*.

einzuschlafen – man ist im Stress, hat alles gegeben; diese Form des Schlafes heißt *inemuri*: »Anwesenheitsschlaf«).

Zwar gibt es auch den sogenannten positiven Stress, doch im Allgemeinen sprechen wir von Stress als einer negativen Empfindung – und diese Sorte Stress ist weder gut für unser seelisches Wohlbefinden noch für die physiologische Gesundheit. Stress ist die körperliche Reaktion auf eine Störung der inneren Balance. Allerdings reagiert jeder anders auf bestimmte Umstände, die Stress auslösen könnten. Manche Menschen können besser mit Stress umgehen als andere. Diese Fähigkeit nennt man »Resilienz«.[18]

Der Begriff der Resilienz wird nicht nur im psychologischen Sinne verwendet, sondern kann sich auf alle Formen von Systemen beziehen, zum Beispiel auf Ökosysteme oder auf ganze Gesellschaften. Sehr allgemein lässt sich Resilienz definieren als die Fähigkeit eines Systems, Störungen aufzufangen und sich dann neu zu organisieren, so dass es immer noch dieselbe Funktion, Struktur oder Identität behält. Übertragen auf die Psyche bedeutet dies, dass man sich als resilienter Mensch von Krisen nicht so leicht umwerfen lässt beziehungsweise schnell wieder auf die Füße kommt. Im Bereich der Psychologie wird der Begriff häufig in Bezug auf den Umgang mit traumatischen Ereignissen oder anderen schweren Einschnitten ins normale Leben verwendet. Doch auch chronischer Stress kann als Störung unser inneres Gleichgewicht erschüttern. Resilienz bedeutet also auch, mit alltäglichen, aber kontinuierlichen Stressoren umgehen zu können.

Was unterscheidet einen resilienten Menschen von einem stressanfälligeren? Es ist nicht einfach, ein Konzept wie Re-

18 Rebecca Böhme, *Resilienz. Die psychische Widerstandskraft*, München: C. H. Beck 2019.

silienz zu untersuchen. Resilienzforschung muss mit messbaren Variablen arbeiten. Oft werden schulische Erfolge oder gar Intelligenzquotienten als Maß für Resilienz genutzt. Diese leistungsbezogenen Werte können hier nicht von Interesse sein, da wir ja gerade diesen Leistungsbezug in der Gesellschaft kritisieren. Außerdem sind sie einseitig. Denn gute Noten oder ein lückenloser Lebenslauf hängen nicht oder nur in geringem Maße mit psychischem Wohlergehen zusammen. Die Forschung hat einige interessante Faktoren herausgearbeitet, die sich bei als resilient beschriebenen Menschen finden:

- Fähigkeit zu Impulskontrolle und Belohnungsaufschub;
- emotionale Intelligenz, Emotionalität, Einfühlsamkeit, Mitgefühl;
- Realismus,
- Interesse und Neugier;
- Fähigkeit zu Kooperation und zum Erbitten von Hilfe;
- Unterstützung durch das soziale Umfeld, gute Integration in eine soziale Gruppe.

Diese Liste zeigt, dass es bei der Fähigkeit, mit Stress umzugehen, weniger darum geht, zielstrebig und unaufhaltsam seinen Weg zu verfolgen. Es geht nicht darum, »sich nicht aus der Bahn werfen zu lassen«. Vielmehr sind resiliente Menschen in der Lage, in einer Krise über ihre Probleme und Gefühle zu sprechen und sich Hilfe zu holen, wenn sie diese brauchen. Außerdem sind sie sozial gut eingebunden. Sie sind offen, neugierig und flexibel und daher in der Lage, sich auch auf schnell erfolgende oder grundlegende Veränderungen ihrer Lebenssituation einzustellen.

Diese Punkte stellen jedoch wiederum nur bestimmte Eigenschaften oder Verhaltensweisen heraus und erklären nicht hinreichend, woher der Unterschied zwischen resilienten Menschen und empfindlicheren Gemütern tatsächlich stammt. Die Forschung geht davon aus, dass die Gene einen gewissen Einfluss auf unsere individuelle Stressreaktion haben. Entscheidender als unser genetischer Hintergrund sind allerdings die Einflüsse der Umweltbedingungen, denen wir ausgesetzt sind. Doch auch diese sind so komplex, dass sie letztendlich nicht vollständig zu rekonstruieren sind. Schon vorgeburtliche Erfahrungen beeinflussen die späteren Reaktionen auf Stress: Ist die Mutter während der Schwangerschaft gestresst, wird das Baby einer größeren Menge von Stresshormonen ausgesetzt, was wiederum dessen Stressphysiologie beeinflusst. Ebenso spielen Erfahrungen in der frühen Kindheit eine wichtige Rolle: Erfährt ein Kleinkind Fürsorge und Sicherheit, wird es auch im späteren Leben widerstandsfähiger gegen Stress sein.

Dies sind, ähnlich wie die ererbten Veranlagungen, Rahmenbedingungen, die wir als Erwachsene im Nachhinein nicht mehr beeinflussen können. Insofern ist es für unser alltägliches Leben wichtiger, zu erkennen und zu verstehen – und letztendlich zu akzeptieren, welche Reaktionen auf Stress wir bisher gezeigt und welche Strategien wir genutzt haben. Sobald wir unsere persönliche Strategie zur Stressbewältigung erkannt haben, sind wir in der Lage, mit neuen Verhaltensweisen und emotionalen Reaktionen zu experimentieren.

Wie wir bereits beschrieben haben, wird bei Stress häufig unterschieden zwischen positivem und negativem Stress. Eine klare Trennung gibt es in der biologischen Reaktion allerdings nicht, die Reaktion des Körpers ist immer dieselbe. Bei Ereignissen, die Stress hervorrufen, also beispielsweise einer Prüfungssituation, werden bestimmte Botenstoffe ausgeschüttet, darunter das Stresshormon Cortisol. Cortisol versetzt den Körper in Alarmbereitschaft: Die Verdauung wird verlangsamt, dafür stellt der Körper den Muskeln Energie zur Verfügung. Diese Reaktion war für unsere Vorfahren sehr sinnvoll. Im Falle einer Bedrohung mussten sie entweder fliehen oder kämpfen (*fight or flight*). Heutzutage hilft uns dies im Falle einer modernen Bedrohung, wie Ärger mit einem Vorgesetzten, wenig – was dazu führt, dass sich das Stressgefühl anstaut, wenn sich die Energie nicht in irgendeiner Form entladen kann (nicht *fight or flight*, sondern *freeze*, einfrieren, stillhalten). Interessanterweise gibt es einen Rückkopplungsmechanismus, so dass sich die Stressreaktion selbst kontrolliert: Ein erhöhtes Cortisol-Level unterdrückt die weitere Ausschüttung. Theoretisch reguliert der Körper also die Reaktion auf Stress ganz von selbst. Wann jedoch die Rückkoppelung einsetzt und auch, welchen Effekt das Cortisol auf Körper und Psyche hat, unterscheidet sich von Mensch zu Mensch. Biologische Grundlage solcher Unterschiede kann zum Beispiel die Anzahl der Rezeptoren für Stresshormone oder die Menge ausgeschütteter Hormone sein. Hinzu kommen psychische Faktoren wie frühere Erfahrungen mit vergleichbaren Stressoren, die aktuellen Gegebenheiten und die gegenwärtige eigene Situation.

Die sogenannte *Fight-or-flight*-Reaktion kennt wahrscheinlich jeder. Wenn wir uns erschrecken, spüren wir es am deutlichsten: Unser Herz schlägt schneller und kräftiger, unsere Atmung wird schneller, manchmal spüren wir, wie das Adrenalin förmlich in einer großen Welle durch den Körper schießt. Auf diese Art und Weise konnten unsere Vorfahren in Windeseile auf gefährliche Raubtiere reagieren. Wenn wir heutzutage eine solche Stresswelle in unserem Körper spüren, aber gerade unserem Chef und nicht einem Tiger gegenüberstehen, ist weder Kampf noch Flucht die richtige Reaktion. Meistens müssen wir entgegen unseren leiblichen Impulsen und Instinkten ruhig bleiben, lächeln und nicken. Kommt dies selten vor, beruhigt sich der Körper ebenso schnell wieder, wie unser Ärger abflaut. Doch sind wir stressauslösenden Situationen häufig ausgesetzt, kann der Rückkopplungsmechanismus Schaden nehmen, das Cortisol wird nicht mehr abgebaut und wir leiden unter chronischem Stress. Von hier sind es nur noch wenige Schritte zum Burn-out.

Auch wenn Unterschiede in der Stressreaktion durch frühkindliche Erfahrungen geformt werden, bedeutet dies nicht, dass wir im Erwachsenenalter keine Möglichkeit mehr haben, dieses System zu beeinflussen. Im gesamten Gehirn können sich die Verbindungen zwischen Nervenzellen immer wieder verändern, stärker und schwächer werden oder auch ganz ab- oder völlig neu aufgebaut werden. Somit bleibt das Gehirn ein Leben lang flexibel und wandelbar und kann sich an neue Erfahrungen anpassen.

Ein Beispiel: Wachstumsfaktoren wie das Protein BDNF (kurz für: »brain derived neurotrophic factor«) stimulieren die Neubildung von Neuronen im Hippocampus und helfen, bereits existierende Neurone zu erhalten. Größere Mengen von BDNF im Hippocampus fördern die Stressresilienz. Und wie können wir unseren persönlichen BDNF-Spiegel erhöhen? In tierexperimentellen Studien hatte körperliche Aktivität einen positiven Einfluss auf die Menge an freigesetztem BDNF. Dies legt nahe, dass Bewegung auch beim Menschen die Resilienz erhöht. Sicherlich kann jeder aus eigener Erfahrung bestätigen, dass Sport das Gefühl von Gestresstsein reduziert. Dieser positive Zusammenhang ist nicht nur kurzfristig, sondern kann dauerhaft unsere Stressresilienz erhöhen.

Das Beispiel verdeutlicht, dass wir unserer Veranlagung und unserer persönlichen Geschichte nicht ausgeliefert sind, sondern durch jede Aktivität und jedes Erlebnis beeinflussen, wer wir sind – und eben auch, wie unser Gehirn in Zukunft auf Stress reagieren wird. Um Stress im Alltag zu reduzieren, können wir einerseits lernen, bessere Bewältigungsstrategien zu Gewohnheiten werden zu lassen. Solche Strategien nennt man »Coping«. Grundsätzlich sind aktive Coping-Strategien erfolgreicher als Verdrängung und Konfliktvermeidung, also passive Strategien. Andererseits können wir auch üben, das Gefühl von Stress nicht so leicht aufkommen zu lassen. Zum aktiven Coping gehört, Situationen zu identifizieren, die Stress hervorrufen, und diese dann zu verändern. Statt einfach durchzuhalten, gilt es, Möglichkeiten zu finden, die das Gefühl vermitteln, Herr oder Frau der Lage zu sein, statt sich ausgeliefert zu fühlen. Manchmal genügt hier eine Neuinterpretation der Lage, manchmal lassen sich die Bedingungen einer unveränderbaren Situation mitbestimmen. Autonomie und Selbstbestimmung hatten wir bereits als wichtige Komponenten für ein gutes Lebensgefühl genannt.

Unterstützung durch andere und die Fähigkeit, diese aufzusuchen und anzunehmen, gilt ebenfalls als eine Fähigkeit, die die Stressbewältigung erleichtert. Manchen fällt es schwer, Hilfe tatsächlich anzunehmen. Einerseits weil es eine Verpflichtung hervorrufen könnte, andererseits weil es nicht einfach ist, Verantwortung abzugeben. Doch sich anderen gegenüber verpflichtet zu fühlen muss nicht etwas Negatives sein. Im Gegenteil: Aus dem Gefühl heraus, man müsse etwas zurückgeben, kann schnell ein entspanntes und freundliches Geben und Nehmen entstehen, das uns einander näherbringt, Freundschaften entstehen lässt und Sicherheit schafft. Der beste Schutz gegen Stress bei der Arbeit besteht darin, an diesem Ort einen Vertrauten zu haben, jemanden, dem man vertraut und auf dessen Unterstützung man zählen kann.

Auch im privaten Leben ist das beste Mittel für mehr innere Ruhe ein liebevolles und unterstützendes soziales Umfeld. Wenn wir also Hilfe anbieten und auch selbst annehmen, dann können wir uns ein Netzwerk möglicher Unterstützer und Gleichgesinnter aufbauen, womit wir wieder beim Thema Regionalität angelangt sind. Der erste Schritt in ein stressfreieres Leben besteht darin, ernsthafte und vertrauensvolle Verbindungen mit den Menschen um uns herum einzugehen. Nachbarschaftliche Unterstützung schafft in besonderem Sinne Sicherheit, da hier räumliche Nähe besteht, und hilft so gegen Stress durch Isolation. Gerade in Zeiten, in denen Familie und Kindheitsfreunde aufgrund der erhöhten individuellen Mobilität weit verstreut sind, kann und sollte die nachbarschaftliche Gemeinschaft wieder mehr Wertschätzung erfahren. Selbst wenn aus Nachbarn nicht enge Freunde werden, entsteht ein Gefühl von Gemeinsamkeit, wenn gleich nebenan Menschen wohnen, die wir kennen und auf deren Hilfe wir uns im Notfall verlassen könnten.

Eine weitere bewährte Strategie gegen Stress ist mentale Flexibilität. Wer sich nicht zu sehr auf bestimmte Ziele im Leben festlegt, verzweifelt nicht, wenn äußere Umstände den Lebensweg in eine andere Richtung lenken. Ein klassisches Beispiel dafür ist der heutige Arbeitsmarkt: Während früher der Ablauf einer Karriere relativ klar vorgezeichnet war und geradlinig verlief, wechseln die meisten Arbeitnehmer heutzutage deutlich häufiger den Arbeitsplatz und möglicherweise gar den Beruf. Natürlich sind eine Verringerung prekärer Arbeitsverhältnisse oder eine bedingungslose Grundsicherung wünschenswerte Entwicklungen, um den Stress, der durch die Unsicherheit der Beschäftigungsverhältnisse hervorgerufen wird, zu verringern. Doch sind häufige Wechsel und Brüche im beruflichen Lebenslauf heutzutage eben eine Realität, mit der jeder Einzelne umgehen muss. Wer offen für solche Wechsel ist, statt stur auf eine einzige, ganz bestimmte Position hinzuarbeiten, den wirft eine Kündigung oder ausbleibende Beförderung weniger leicht aus der Bahn.

Ähnliches gilt für die gesamte Biografie. Feste Lebensentwürfe, wie »Mit dreißig möchte ich heiraten, danach dann zwei Kinder im Abstand von zwei Jahren«, erzeugen Druck. Natürlich ist es leichter gesagt als getan, abzuwarten und offen dafür zu sein, wie sich das Leben entwickelt. Hier hilft ein Rückblick auf die eigene Biografie, um sich zu verdeutlichen, dass es meistens wirklich anders kommt, als man denkt und plant. Kaum einer heiratet seine erste große Jugendliebe, auch wenn das zu einer bestimmten Zeit eindeutig feststand. Der Beruf, den man sich als Kind oder Jugendlicher erträumte, ist selten der, den man tatsächlich ergreift. Statt in Resignation gegenüber der sich dann einstellenden Lebenswirklichkeit zu verfallen, bleiben resiliente Persönlichkeiten offen für andere Möglichkeiten und akzeptieren die Gegebenheiten.

Ähnlich offen wie unsere Biografie kann unser Selbstkonzept sein. Das Ich-Gefühl hängt nicht von bestimmten Eigenschaften oder Beziehungen ab. Angenommen wir würden einen Finger verlieren, wir würden dennoch wir selbst bleiben. Wenn wir ein bestimmtes Hobby aufgeben, dann sind wir noch immer wir selbst. Wenn eine Freundschaft endet, wenn wir neue Fähigkeiten lernen oder alte Angewohnheiten ablegen, sind wir trotzdem immer noch wir selbst. Wer sich nicht zu sehr auf ein bestimmtes Konzept der eigenen Person festlegt, dem fällt es leichter, mit Verlusten und Veränderungen zurechtzukommen.

Eine weitere Übung zum Entschärfen stressiger Situationen im Alltag besteht darin, andere Sichtweisen und Perspektiven auszuprobieren, um wieder den Überblick über das große Ganze zu gewinnen. So können wir uns in einem Moment der Ruhe und des In-sich-Gehens vor Augen führen, wie unwichtig manch eine Kleinigkeit ist, die uns ärgert oder kränkt. Oder wie kurz der Moment einer Prüfung oder eines Meetings tatsächlich ist und dass wir ein solches Ereignis meist schnell hinter uns lassen und dann einfach vergessen können. Es hilft, den Blick auf das eigene Leben im Ganzen zu richten – und zwar entweder im zeitlichen Verlauf oder in seiner Fülle mit allen Aspekten, die zum Wohlergehen beitragen.

2. Strategien für ein glückliches Leben

Glück und Zufriedenheit

»Zehn Wege zum Glücklichsein«, »Glück ist kein Zufall« und »Tipps und Tricks, um das Glücksgefühl einzufangen«, mit solchen und ähnlichen Titeln werben Ratgeber und Magazine, und die Nachfrage bleibt groß. Anscheinend sind viele Menschen auf der Suche nach dem Glück. Unsere bisherige Analyse zeigt: Unsere Lebenswelt entspricht in vielem nicht unseren natürlich-menschlichen Bedürfnissen. Es müsste sich eigentlich etwas »im Großen und Ganzen« ändern. Doch der Einzelne kann dies nicht abwarten – uns bleibt nichts anderes übrig, als »das Beste draus zu machen«. Dafür benötigen wir Strategien, die uns unabhängig von den Bedingungen der Zeit, in die wir hineingeboren wurden, Glück erfahren lassen.

Was soll das überhaupt sein, das Glück? Ein extremes Hochgefühl, ein Berauschtsein, ein Verliebtsein in sich selbst, in andere und das eigene Leben? Das ist wohl eine viel zu hochgesteckte Erwartung, die sich – zumindest auf Dauer – nicht erfüllen lässt. Das ist schon biologisch gesehen gar nicht möglich: Das Gehirn kann sich nicht ständig im Taumel der Glückshormone befinden. Und wäre dieses Gefühl tatsächlich von langer Dauer, würden wir uns letztendlich daran gewöhnen. Das alte Hochgefühl wäre dann die neue Normalität.

Das Gehirn ist auf Balance eingestellt und versucht immer, ein Gleichgewicht herzustellen. Daher gibt es eine Wechselwirkung zwischen der Menge ausgeschütteter Botenstoffe und deren Rezeptoren. In den meisten Fällen führt eine vermehrte Ausschüttung eines Botenstoffes dazu, dass sein Effekt schwächer wird. Meistens existieren sogenannte »Feedback-Loops«, bei denen sich die Ausschüttung eines bestimmten Stoffes selbst wieder herunterreguliert. In Bezug auf unser Verhalten gibt es ähnliche Feedback-Mechanismen. Aus jeder Erfahrung lernen wir, so dass wir unser Verhalten immer besser an unsere Umwelt anpassen. Man könnte sagen: Wir versuchen, so gut wie möglich vorherzusehen, was uns passiert und was wir wahrnehmen, und versuchen dann, uns in dem Bereich des Vorhersagbaren zu bewegen. Glückserleben jedoch liegt meist im Neuen, Besonderen, Unvorhersagbaren.

Beispielsweise hält die Freude über eine Beförderung nicht allzu lange: In einer Studie fanden Forscher heraus, dass nach spätestens drei Jahren der Enthusiasmus über die neue Stelle verflogen war. Dieses Ergebnis lässt sich mit unterschiedlichen Zeitspannen auf alle Bereiche des Lebens übertragen. Für lange Zeit war der sogenannte *happiness set point* ein feststehender Begriff in der Glücksforschung: Jeder Mensch verfüge über ein festes Glücksniveau, eine Art Grundzufriedenheit, zu der sein Befinden immer wieder zurückkehrt, egal was ihm oder ihr zustößt, möge es ein Geldgewinn oder ein schwerer Unfall sein. Allerdings wird diese Idee inzwischen kontrovers diskutiert. Während die Annahme in einigen Studien bestätigt werden konnte, kamen andere zu dem Ergebnis, dass sich das individuelle Empfinden von Glück im Laufe des Lebens verändern kann. In einer häufig zitierten Studie von 1982 wurden Menschen, die einen schweren Unfall erlitten hatten, zu verschiedenen Zeitpunkten zu ihrem Befinden befragt. Verständlicherweise hatten sie kurz nach dem Unfall überwiegend negative Emotionen, nach einigen Wochen überwogen dann jedoch wieder die positiven Gefühle. Dieses Ergebnis ist ein klassisches Beispiel für den *happiness set point*. Allerdings kam eine ähnliche Studie von 2008 zu einem anderen Ergebnis: Das Ausgangslevel an Intensität und Stärke des Glücksempfindens erreichten die Befragten nicht mehr. Letztendlich lässt sich ein solches Ergebnis schwer verallgemeinern. Man kann nicht eine Kündigung mit einer Sportverletzung vergleichen. Ebenso wenig geht dies in die andere, die positive Richtung. Ein Lottogewinn ist etwas anderes als die Geburt eines Kindes. Auch sind die individuellen Unterschiede im Umgang mit freudigen oder traurigen Erlebnissen viel zu groß, um eine so allgemeine Theorie wie die des *happiness set point* als sinnvoll erscheinen zu lassen. Trotzdem bleibt es einleuchtend, dass wir uns nicht auf Dauer in einem Glückstaumel befinden können, denn dies wäre biologisch nicht möglich. In einem andauernden Erregungszustand würde das Gehirn zu viel Energie verbrauchen.

Anstatt nach einem ständigen Hochgefühl zu streben, scheint die ruhige innere Zufriedenheit ein Ziel zu sein, das sich leichter verwirklichen lässt. Aber auch das ist gar nicht so einfach. »Zufriedenheit« – im Deutschen schwingt bei diesem Wort oft ein leicht negativer Ton mit: Ein zufriedener Mensch ist in unserer Vorstellung oft ein klein wenig zu gemütlich, um nicht zu sagen faul oder langweilig. In der Forschung wird der Begriff des subjektiven Wohlergehens benutzt. Der Zusatz »subjektiv« ist einer genaueren Erörterung wert: Man könnte leicht versucht sein, das Wohlergehen eines Menschen anhand harter Fakten zu beurteilen, wie zum Beispiel anhand des Gesundheitszustandes, des Vermögens, des sozialen Status usw. Doch der Zusatz »subjektiv« legt fest, dass dies vom Betroffenen selbst eingeschätzt werden soll. Das subjektive Wohlergehen kann also unabhängig von äußeren Einflussfaktoren sein (auch wenn es dies meist nicht ist), es handelt sich bei dieser Größe um den inneren Zustand, das persönliche Empfinden. Schon der griechische Philosoph Demokrit behauptete, dass ein glückliches Leben nicht nur von den äußeren Umständen, sondern auch von der eigenen Einstellung abhängt. So evaluieren in Studien die Teilnehmer ihr Wohlergehen anhand zahlreicher Fragebögen selbst.

Es muss hier erwähnt werden, dass Studien basierend auf solchen Selbstevaluationen zeigen, dass ein Großteil der Menschen sich als insgesamt glücklich beziehungsweise zufrieden beschreibt.[19] Wie geht dies zusammen mit dem von uns diagnostizierten Unbehagen? Zuerst einmal sollten wir feststellen, dass Unbehagen und Lebenszufriedenheit sich keineswegs ausschließen. Tatsächlich ist das hier charakterisierte Unbehagen im Wohlstand ein unangenehmes Beigefühl, das im Hintergrund eines insgesamt guten, wohlsituierten Lebens mitschwingt. Oft kaum greifbar, häufig einem selbst nicht einmal völlig bewusst, fällt es den meisten schwer, diesen bitteren Nachgeschmack des Wohlstandes in Worte zu fassen. Wohl auch, weil er sich nicht eindeutig definierten Ereignissen oder Lebensbereichen zuordnen lässt, weil er vielmehr eine Grundtönung unserer Lebenswirklichkeit darstellt. Eine solche wird vermutlich nicht oder zumindest nicht leicht in Fragebögen quantifizierbar sein.

Sehen wir uns eine solche Befragung zum subjektiven Wohlbefinden einmal genauer an. Als gutes Beispiel eignet sich für Deutschland der *Glücksatlas* der Deutschen Post zur Analy-

19 Ed Diener und Carol Diener (1996), »Most People Are Happy«, in: *Psychological Science* 7/3 (1996), S. 181-185. In dieser Metaanalyse wurden Studien aus 43 Ländern zusammengefasst.

se. Dieser bescheinigt den Deutschen ein relativ hohes Maß an Lebenszufriedenheit: »Die Lebenszufriedenheit der Deutschen hat 2019 mit 7,14 Punkten den höchsten Stand seit der Wiedervereinigung erreicht«, heißt es da.[20] Genau genommen bedeutet dies: Das ist der Durchschnittswert der Antworten einer repräsentativen Gruppe von ca. 39000 Deutschen auf die (eine!) Frage: »Wenn Sie einmal alles in allem nehmen, wie zufrieden sind Sie insgesamt zurzeit mit Ihrem Leben?« Die vorgegebene Antwortmöglichkeit besteht aus einer Skala von 0 (ganz und gar unzufrieden) bis 10 (ganz und gar zufrieden). Sind wir also doch glücklich?

Diesem Eindruck möchten wir die Frage entgegenstellen: Kann die Einordnung der subjektiven Zufriedenheit in eine Zahlenskala zwischen 0 und 10 wirklich ein repräsentatives Bild der durchschnittlichen Gemütsstimmung einer Bevölkerung darstellen? Hier ist anzumerken, dass standardisierte psychologische Fragebögen, die normalerweise in der Forschung zum Erfragen der Lebensqualität eingesetzt werden, wesentlich komplexer sind. Und eben nicht nur eine einzige Frage enthalten. Die Poststudie untersucht dann im Folgenden auch weitere Teilaspekte des Lebens: Wohnen, Gesundheit, Familie, Beruf usw. (hierbei liegt die Zufriedenheit für Wohnen und Familie am höchsten und für Gesundheit und persönliches Einkommen am niedrigsten). Auch hier wird dann anhand einer Skala von 0 bis 10 bewertet. Gefühlsnuancen wie ein Unbehagen im Hintergrund können hierbei nicht quantifiziert werden.

Selbst nuancierte Fragebögen, bei denen man sich selbst bewerten muss, stehen in der Kritik, schließlich sind wir Menschen nicht gut darin, uns selbst verlässlich einzuschätzen.

20 *Deutsche Post Glücksatlas 2019*, online verfügbar unter: {https://www.dpdhl.com/de/presse/specials/gluecksatlas.html}.

Unter anderem ist bekannt, dass schon eine andere Reihenfolge der Fragen oder die Art und Weise, wie eine Frage gestellt wird, die Antworten verändern können. Allein die Formulierung kann möglicherweise die Antwort beeinflussen. Das liegt am sogenannten »Priming«: Durch eine Aufgabe, einen Text oder einfach nur das Ankreuzen einer Antwort werden Konzepte und Vorstellungen beim Befragten hervorgerufen – welche die darauf folgenden Verhaltensweisen oder Antworten beeinflussen. So mussten in einer Untersuchung Mathematikstudenten zu Beginn eines Tests ankreuzen, ob sie männlich oder weiblich sind. Im Vergleich zu einer Gruppe, die keine Angaben zu ihrem Geschlecht machen musste, schnitten die Teilnehmerinnen in dem Test deutlich schlechter ab. Dieser Effekt wird dahingehend interpretiert, dass die Teilnehmerinnen durch die Geschlechtsangabe an das Vorurteil, Frauen seien schlechter in Mathematik, erinnert – also »geprimt« – würden und dass diese Assoziation ihre Leistungen beeinflusse. Ein anderes Beispiel ist ein alter Kinderscherz: Man lässt sein Gegenüber ganz oft das Wort »Blut« wiederholen und fragt dann schnell: »Wann gehst du über die Ampel?« oder »Welche Farbe hat Milch?«. Die meisten werden antworten: »Rot.« Das funktioniert, weil wir mit dem Wort »Blut« sehr stark die Farbe Rot assoziieren und somit dieser Assoziationsstrang im Gehirn aktiviert ist: Man ist auf Rot »geprimt«. Auch im Marketing wird dieser Effekt genutzt. Besonders erfolgreich ist dabei das akustische Priming in Geschäften. Wir nehmen Hintergrundmusik in einem Laden meist nicht bewusst wahr, doch kann diese unseren Einkauf beeinflussen. Einige Beispiele: Austern werden als schmackhafter bewertet, wenn im Hintergrund Ozeangeräusche zu hören sind. Klassische Musik verleitet zum Kauf teurer Weine. Französische Hintergrundmusik erhöht den Verkauf französischer Weine.

Dieser kleine Exkurs soll lediglich die Methodik der Fragebögen, die oft als hieb- und stichfeste Forschung dargestellt wird, problematisieren. Ob nun Priming bei der Frage nach der allgemeinen Zufriedenheit eine Rolle spielte, lässt sich nicht beantworten. Doch jeder kann für sich selbst überlegen, wie er oder sie diese Frage beantwortet hätte, und dann im Vergleich über weitere Fragen nachdenken, die ähnlich, aber doch anders sind: Wie unzufrieden sind Sie mit Ihrem Leben? Wie oft beschweren Sie sich über Ihren Job? Gibt es Bereiche in Ihrem Leben, die Sie als verbesserungswürdig erachten? Wünschen Sie sich mehr Zeit für die Familie/Freunde/Sport? Wie viel Stress empfinden Sie an einem normalen Arbeitstag? Sorgen Sie sich um die Zukunft?

Ein äußerst interessanter Aspekt der Poststudie, den wir noch nebenher aufnehmen möchten, ist die Veränderung der Bewertung der Lebenszufriedenheit über die Lebenszeit. Die Durchschnittswerte liegen am höchsten für junge Menschen Anfang 20 (7,6 für Männer und 7,39 für Frauen) und sacken dann kontinuierlich immer weiter ab, bis sie in der Lebensmitte, im Alter von 55 Jahren, ihren Tiefpunkt erreichen (um 6,8 für beide Geschlechter). Von hier steigen sie wieder deutlich an und pendeln sich bei 7,2 ein.[21] Wenn die Poststudie nun einen Anstieg der Lebenszufriedenheit der Gesamtbevölkerung proklamiert, muss bedacht werden, dass dies nicht bedeutet, dass heute alle Menschen glücklicher als früher sind. Ebenso gut erklärt die Altersverschiebung das Phänomen: Je

21 Eine Anmerkung für diejenigen, die die Daten der Poststudie nachsehen: Die Unterschiede zwischen Männern und Frauen im hohen Alter lassen sich leicht erklären damit, dass mehr Frauen das hohe Alter erreichen, insofern eher mit dem Verlust des Partners und Altersbeschwerden zu tun haben, während die Männer, die länger leben, eher zur Gruppe der »Super Ager« gehören, die erfolgreich und ohne viele gesundheitliche Beschwerden altern.

mehr Menschen sich in der Gruppe der über 55-Jährigen befinden, die nach der Lebensmitte eine neue Lebenszufriedenheit zu finden scheinen,[22] desto höher wird selbstverständlicherweise auch der Durchschnittswert liegen.

Um ein nuancierteres Verständnis der Grundstimmung in unserer Gesellschaft zu erlangen, wollen wir einen Blick auf andere Untersuchungen werfen, die sich nicht dem Glück, sondern den Sorgen der Menschen widmen. Dies kann nur exemplarisch geschehen, ein Gesamtüberblick über die Literatur muss hier unterbleiben. Anhand von Beispielstudien möchten wir zumindest qualitativ unsere Diagnose des Unbehagens untermauern: Seit den neunziger Jahren haben das Gefühl von Ungerechtigkeit in der Gesellschaft[23] und die Angst vor einem sozialen Abstieg in der Mittelschicht kontinuierlich zugenommen.[24] Daneben sorgen sich die Menschen in Bezug auf Armut und soziale Ungleichheit (47 Prozent), Einwanderung (34 Prozent), Kriminalität und Gewalt (30 Prozent) sowie das Klima (26 Prozent).[25] Während die Sorgen in Bezug auf die ersteren Kategorien über die letzten fünf Jahre relativ konstant geblieben sind, haben die Sorgen um Klima und Umweltverschmutzung zugenommen. Die Sorge bezüglich der Klimakrise betrifft einige Menschen inzwischen so

22 Auf die Gründe hierfür können wir im Rahmen dieses Buches nicht eingehen. Auf das Konzept der Gerontotranszendenz sei indes hingewiesen (siehe z. B. Böhme, *Resilienz*).

23 Petersen et al., *Gespaltene Demokratie*.

24 Holger Lengfeld und Jochen Hirschle, »Die Angst der Mittelschicht vor dem sozialen Abstieg. Eine Längsschnittanalyse 1984-2007/Fear of Falling in the German Middle Class. A Longitudinal Analysis, 1984-2007«, in: *Zeitschrift für Soziologie* 38/5 (2009), S. 379-398.

25 Rouven Freudenthal, »Langzeitstudie: Immer mehr Deutsche sorgen sich um Klima und Umwelt« (1. August 2019), online verfügbar unter: {https://www.ipsos.com/de-de/langzeitstudie-immer-mehr-deutsche-sorgen-sich-um-klima-und-umwelt}.

stark, dass sie bereits als eine klinisch relevante Form von Angst diskutiert wird.[26] Befragt nach ihrem tagtäglichen Stress gaben neun von zehn Deutschen an, von ihrem Beruf gestresst zu sein, und jeder Zweite sorgte sich, ein Erschöpfungssyndrom zu entwickeln.[27] Einer repräsentativen Befragung des Instituts für Demoskopie Allensbach zufolge haben die Menschen in Deutschland besonders Angst vor Pflegebedürftigkeit im Alter und Demenz (42 Prozent), den Folgen des Klimawandels (40 Prozent) und schweren Erkrankungen (35 Prozent), dicht gefolgt von Altersarmut (30 Prozent) und Terroranschlägen (30 Prozent). Auch bei diesen Zahlen müssen wir wieder auf die Schwierigkeiten bei der Datenerhebung hinweisen: Man stelle sich vor, man wird bei einer Studie gefragt: »Wovor haben Sie am meisten Angst?«, und erhält nun eine Liste von Schlagwörtern. Man denkt über die Punkte nach, und sicher, wer hat nicht irgendwie Angst vor Erkrankungen oder den Folgen des Klimawandels? Selbst wenn man keine Schlagwortliste erhält, sondern einfach frei assoziiert: »Wovor habe ich besonders Angst im Leben?« – jedem werden hier einige Punkte einfallen. Das bedeutet wiederum nicht, dass diese Sorgen und Ängste uns in unserem tagtäglichen Empfinden beeinflussen müssen. Auch verdeutlicht die Gegenüberstellung dieser Studien mit der Poststudie zur Lebenszufriedenheit sehr schön, mit welch kognitiver Dissonanz wir anscheinend problemlos leben: Einerseits schätzen wir uns auf Nachfrage als zufrieden ein, andererseits können wir auf Nachfrage zahlreiche Sorgen und Ängste auflisten.

26 Susan Clayton (2020), »Climate Anxiety: Psychological Responses to Climate Change«, in: *Journal of Anxiety Disorders* 74 (2020).

27 »Betriebliches Gesundheitsmanagement 2018 – pronova BKK«, online verfügbar unter: {https://www.pronovabkk.de/firmenservice/betriebliches-gesundheitsmanagement.html}.

Zusammenfassend können wir sagen: Insgesamt sind die Deutschen zufrieden mit ihrem Leben. Doch die pauschale Aussage »Uns geht es gut« wird leicht relativiert, wenn man den Befragten durch andere Formulierungen die Gelegenheit zur Kritik an ihrer Situation gibt oder ihnen Möglichkeiten zur Nuancierung und Erläuterung ihrer Antworten öffnet. Unbehagen, das im Hintergrund der Zufriedenheit mitschwingt, das immer wieder herausbricht und häufig aktiv zurückgedrängt werden muss, stellt eine Grundstimmung unserer Gesellschaft dar.

Wenn das Glück kommt, muss man ihm einen Stuhl hinstellen[28]

Wir stellten fest, dass das übliche »Mir geht es gut« bei weiterer Nachfrage leicht in sein Gegenteil umschlagen kann. Wir treffen hier auf das Phänomen, das dem Buch seinen Titel gegeben hat, nämlich auf das Unbehagen im Wohlstand: dieses Mitschwingen eines Wissens oder vielmehr Erspürens der Zerbrechlichkeit des Wohlstandes, der wackeligen Säulen, auf denen er gebaut ist. Findet sich im Alltags- und Arbeitsstress eine ruhige Minute, die man einmal wirklich genießen könnte, ist da kaum möglich: Die anflutenden Bilder und Fakten des Elends und der aktuellen und drohenden Katastrophen außerhalb der Grenzen dieser Wohlstandswelt geben jedem Genuss einen bitteren Beigeschmack. Schlechtes Gewissen begleitet den Konsum, Einsamkeit treibt zu Partnerwechseln, Leistungserwartungen lassen Freizeit und Er-

28 Mirjam Pressler, *Wenn das Glück kommt, muß man ihm einen Stuhl hinstellen*, Weinheim: Gulliver von Beltz & Gelberg 1994.

holung zum Stress werden, prekäre Lebenssituationen und Zukunftssorgen lassen keine Ruhe aufkommen.

Diese Sorgen und moralischen Bedenken sind gerechtfertigt. Wie wir in unserer Analyse feststellten, kann jedoch der Einzelne nur zu einem geringen Grade Einfluss nehmen auf die Bedingungen der Welt, die ihn umgibt. Veränderungen dieser Bedingungen können und sollten eingefordert werden – und doch kann der Einzelne sie nicht abwarten. Im Kleinen, Privaten, Regionalen bieten sich Möglichkeiten aktiven Beitragens zu Veränderungen – doch werden diese kaum unsere gesamte Lebenswelt ändern können. Es gilt also, Konflikte und Dissonanzen im Denken und Handeln auszuhalten. Es gilt, sich *trotz allem* Momente der Zufriedenheit zu erlauben und Räume für Glückserleben offenzuhalten.

Um *trotz* des Unbehagens in unserer Lebenswirklichkeit Glück zu empfinden, müssen wir offen sein für die Momente, in denen das Glück kommen könnte. Wer sich ständig sorgt und grübelt, verpasst diese leicht. Wir wollen deshalb im Folgenden fragen, mit Hilfe welcher Übungen wir dies erlernen und zu einer Fähigkeit machen können. Das wird uns schließlich auf meditative Praktiken führen.

Die ständige Selbstbeobachtung und die »Verfolgung« des Glücks stehen dem Glücklichsein womöglich im Wege. Einerseits erscheint es wichtig, auf sich selbst achtzugeben, die eigenen Stimmungslagen zu beobachten und aktuelle Bedürfnisse zu erkennen. So ist ein geläufiger Rat für mehr Zufriedenheit im Alltag, abends nachzuspüren, welche Glücksmomente man während des Tages erlebt hat, diese zu notieren und sie mit Dankbarkeit zu besetzen. Andererseits führt eine allzu genaue Selbstbeobachtung, ein zu starker Fokus auf das persönliche Befinden zum genauen Gegenteil. Ist die Selbstbeobachtung also dem Glück zuträglich oder nicht? In einer psychologischen Studie gingen Forscher dieser Frage nach.[29] Ihre Probanden hörten klassische Musik und sollten entweder einfach zuhören oder während des Hörens kontinuierlich angeben, wie glücklich sie sich gerade fühlten. Es zeigte sich, dass die Gruppe, die nur entspannt zugehört hatte, die Musik am meisten genossen hatte. Zufriedenheit scheint sich eher dann einzustellen, wenn man nicht allzu sehr auf sich selbst beziehungsweise auf das eigene Glücksempfinden fokussiert ist. Anstatt uns kontinuierlich zu fragen »Bin ich glücklich?« oder »Genieße ich den Moment?«, sollten wir üben, für Momente offen zu sein, in denen sich Glück einstellen könnte. Welche mögen das sein?

»Ich bin reich, Mama, weil ich leb, Papa, und das Leben meint es gut mit mir«, so klingt es in der deutschen Fassung des Musicals *Hair*. »Girl you are rich, even with nothing«, heißt es in dem Song »It's only love that gets you through«. *Liebe, Brot der Armen* lautet der Titel der deutschen Ausgabe von Thyde Monniers Klassiker, er ist mittlerweile geradezu zu einem geflügelten Wort geworden.[30] Die Formel drückt wie auch die genannten Songs die Überzeugung aus, dass man ohne Glücksgüter glücklich sein kann, wenn man nur in »Liebe« ist. Am weitesten geht die Formulierung aus *Hair*, weil sie nicht einmal diese Voraussetzung für nötig hält, vielmehr »leben, lebendig« sein als den eigentlichen Grund, ja Urgrund des Glücksgefühls benennt.

Freilich, alle drei Sprüche scheinen auch Tröstungen zu sein: Soll etwa mit solchen Sprüchen den »Mühseligen« und »Be-

29 Jonathan W. Schooler, Dan Ariely und George Loewenstein (2003), »The Pursuit and Assessment of Happiness Can Be Self-Defeating«, in: Isabelle Brocas und Juan D. Carrillo (Hg.), *The Psychology of Economic Decisions*, Oxford: Oxford University Press 2003, S. 41-70.

30 Der Titel der französischen Originalausgabe lautet *Les desmichels*.

ladenen« eingeredet werden, dass sie gar nicht arm, unterdrückt oder sonst wie depraviert sind, weil sie unabhängig von den Lebensumständen die Chance haben, glücklich zu sein? Am stärksten ist dieser Unterton in dem Diktum »Liebe, Brot der Armen«. Es unterstellt, dass die Depravierten sich über ihren Zustand trösten können, ihre Armut vergessen können, immer wenn sie »Liebe machen«. Tatsächlich ist das sogar ein Erklärungsmuster dafür, dass in der Regel die Unterschicht einer Gesellschaft die größte Nachkommenschaft hat. Wenn ihre Lebensmöglichkeiten auch noch so beschränkt sind und sie kaum etwas zu beißen haben, sie können immerhin noch auf eine Quelle der Lust rekurrieren, die ihnen nicht zu nehmen ist. Wirklich? Vergeht einem nicht die Lust am Sex, wenn man elend oder hungrig ist? Umgekehrt werden die Getrösteten argumentieren, die gestressten Reichen seien impotent und frigide, über der Inszenierung des Lebens entgeht ihnen die einfachste Lust, die aus der Quelle der Liebe sprudelt.

Schwer zu sagen, wer recht hat. Doch es lohnt sich immerhin, die Frage nach dem »Glück ohne Glücksgüter« einmal von der anderen Seite, nämlich vom Leben in der Fülle her anzugehen. Vielleicht zeigt sich dann, dass die zitierten Sprüche mehr sind als ideologische Tröstungen für die Armen, dass sie eine Wahrheit über das Glück enthalten.

Es ist doch ein bekanntes Phänomen: Man reist an den Ort seiner Sehnsucht, und wenn man da ist – rührt sich nichts. Oder man gewinnt etwas – und man kann sich nicht recht freuen. Oder man wird im Job befördert – und bemerkt sogleich, dass es noch höhere Ränge gibt. Man wohnt in einer schönen Gegend – und doch guckt man neidisch auf die Nachbarvillen. Allgemeiner: Man lebt im Wohlstand und ist doch unzufrieden. Wir leben in einer der reichsten, rechtlich sichersten Gesellschaften – sowohl im weltweiten als auch im historischen Vergleich. Wir haben eine im weltweiten Vergleich gut funktionierende Demokratie und Öffentlichkeit und leben seit 75 Jahren im Frieden. Und doch, wollte man statt des Bruttosozialproduktes das Bruttoglücksprodukt erheben, wie beispielsweise in Bhutan[31] – dann wäre die Quittung, die man erhält, nicht besonders erfreulich: Die Menschen in unserer Gesellschaft sind gestresst, unzufrieden, mürrisch. Für diese Einschätzung gibt es durch den neuen Bericht an den Club of Rome eine statistische Basis.[32] Es zeigt sich, dass der eingangs bereits erwähnte Genuine Progress Indicator bei 17 erfassten Ländern seit 1978 bei wachsendem Bruttoinlandsprodukt nicht mehr wächst. Es ist also eine Illusion, die auch die Wirtschaftspolitik schürt, dass mit Wirtschaftswachstum dem menschlichen Wohlergehen gedient sei.

Hier wollen wir uns nun um das Phänomen kümmern, dass das *Besitzen* von Glücksgütern nicht als solches glücklich macht, sondern dass eine subjektive Voraussetzung erfüllt sein muss, damit man auch »etwas davon hat«. Natürlich kann man sagen, dass das gehobene Lebensniveau nicht als solches glücklich macht, wenn es zur Normalität geworden ist. Glück enthält auch immer das Moment des Überraschenden, verlangt den Unterschied. Glück ist eine Gabe der Göttin Fortuna. Glück bricht herein. Insofern ist es eher die unerwartete Gabe als das durchschnittliche Lebensniveau, was glücklich macht. Freilich ist dabei Glück, glücklich sein, nicht eine Grundstimmung, sondern quasi ein High, ein vorübergehendes Aufbrausen der Gefühle. Doch diese Erklä-

31 Empirische Erhebungen zeigen allerdings, dass die Menschen in Bhutan auch nicht glücklicher sind.

32 Weizsäcker/Wijkman et al., *Wir sind dran*.

rung reicht nicht hin, um zu verstehen, warum es immer wieder geschehen kann, dass jemand, der die Güter erlangt, die er sich wünschte, oder an langersehnten Ereignissen teilhat, doch in deren Erfahrung nicht glücklich ist oder besser gesagt: zu ihrer Erfahrung nicht fähig ist.

Hier zeigt sich, dass zur Erfahrung des Glücks eine Glücksbereitschaft Voraussetzung ist. Das kann man im Kontrast an Kindern beobachten, von denen man ja mit Recht sagt, sie seien leicht und mit wenigem zu beglücken. Was geht uns da ab, was ist von dieser kindlichen Offenheit und Glücksbereitschaft verloren gegangen? Es ist sicherlich diese Offenheit selbst. Unser Leben in der technischen Zivilisation hat uns in eine Haltung der Coolness einsozialisiert: Man lässt die Dinge nicht mehr an sich herankommen. Ein deutliches Beispiel dafür besteht darin, dass unser Hören weitgehend ein Weghören ist. Kein Wunder, dass in einer von Musik übersättigten Umgebung und in dem akustisch verseuchten Hörraum der Großstadt, dass man in hallenden und akustisch möblierten Räumen gezwungen ist, wegzuhören oder besser gesagt das Hören auf sprachliche Mitteilungen zu fokussieren. Da kann einem schon das Frühlingsgezwitscher der Vögel entgehen. Dabei ist daran zu erinnern, dass Rachel Carson mit ihrem Buch *Der stumme Frühling* das Schweigen der Vogelwelt als die fühlbarste Verarmung unserer Umwelterfahrung thematisiert hat. Wir müssen uns heute fragen, ob wir nicht häufig die Vögel überhören, ganz einfach, weil unsere Ohren zu sind (vielleicht wortwörtlich: verstopft mit Kopfhörern).

Zahlreiche Ratgeber und auch wissenschaftliche Studien behaupten, dass es durchaus möglich sei, das eigene Wohlergehen, das Glücksempfinden zu steigern. So fand beispielsweise eine groß angelegte Studie heraus, dass Teilnehmer, die angehalten waren, regelmäßig »positive Aktivitäten« durchzuführen, deutlich glücklicher wurden.[33] Worum handelt es sich bei diesen magischen »positiven Aktivitäten«? Eigentlich um einfache, man könnte beinahe sagen banale Dinge: Ausdrücken von Dankbarkeit, optimistische Gedanken, anderen helfen, Beziehungen zu Freunden und Familie pflegen, Bewegung. Aktivitäten, die ein Gefühl von einerseits Autonomie, also Kontrolle über das eigene Leben, und andererseits von Verbundenheit mit anderen Menschen und mit der Natur fördern. Zwar wurde auch hier beobachtet, dass man sich an die Effekte solcher positiven Aktivitäten gewöhnen kann, doch dem kann man angeblich entgegenwirken, indem man variiert, welche dieser Übungen man durchführt, wie oft oder mit wem. So wird, wie man weiß, das Ausdrücken von Dankbarkeit zu einer fast schon mechanischen Gewohnheit. Da sollte man sich die Mühe machen, Ausdrücke zu finden, die tatsächlich das jeweilige Gefühl der Dankbarkeit artikulieren.

Werfen wir einen genaueren Blick auf einige dieser »positiven Aktivitäten«. Es gibt klare Zusammenhänge zwischen sportlicher Betätigung und seelischem Wohlergehen (siehe auch den Abschnitt »Gesundheit«). Abseits des biologischen Mechanismus – bei Bewegung werden Endorphine, also sogenannte Glückshormone, ausgeschüttet – möchten wir uns diesem Zusammenhang phänomenologisch widmen: Wie genau, durch welches Empfinden kann die körperliche Betätigung Glück aufkommen lassen? Es mag das Sich-Spüren sein, die Wahrnehmung des eigenen Leibes, des eigenen Herzschlags, der Atmung, kurz: des Lebens in sich. Sich zu ver-

33 Nancy L. Sin und Sonja Lyubomirsky, »Enhancing Well-Being and Alleviating Depressive Symptoms with Positive Psychology Interventions: A Practice-Friendly Meta-Analysis«, in: *Journal of Clinical Psychology* 65/5 (2009), S. 467-487.

ausgaben ermöglicht eine Pause im Sorgen, Planen und Grübeln. An seine körperlichen Grenzen zu gehen erzwingt Präsentsein und Fokus auf den Moment. Auch die Übergänge von Verausgabung zu Ermattung zu Wiederaufatmen verstärken das Sich-Spüren und lösen Glücksgefühle aus. Ähnliches gilt für sanftere Sportarten, die durch Balance, Rhythmus oder Steigerung der Flexibilität die leibliche Selbstwahrnehmung mit sich bringen.

Ähnlich wie die Bewegung können wir stabile soziale Beziehungen zu unseren natürlichen Grundbedürfnissen zählen (siehe auch den Abschnitt »Liebe«): Wer gute Freunde und liebevolle familiäre Beziehungen in seinem Leben hat, ist glücklicher und gesünder.[34] Im sozialen Miteinander erleben wir jedoch eine andere Art von Glücksgefühlen. Hier ist es weniger das Sich-selbst-Spüren als das Erleben von Eingebundensein, vom Dazugehören, von Gemeinschaft. Auch im lebhaften Miteinander unterlassen wir die Sorgen und das Grübeln, können wir uns fallenlassen und präsent sein. Gemeinschaftliche Aktivitäten wie Gesang, Tanz, die Zubereitung von Speisen, gemeinsame Spiele verstärken dieses Erleben. Musizieren und Tanz nehmen hier eine Sonderrolle ein, da sie synchrones Verhalten beinhalten. Auch Teamsport und Sport in Gruppen, wie Laufen zum Beispiel mit Freunden, lassen sich vermutlich dazuzählen. Synchrones Verhalten mit anderen Menschen stärkt unser Gemeinschaftsgefühl, unser psychisches Wohlbefinden und verbessert Kooperation und harmonisches Miteinander.[35] Wir wissen instinktiv,

34 Andy Henion, »If You Want to Age Well You Should Focus on Your Friendships«, World Economic Forum (17. Juli 2017), online verfügbar unter: {https://www.weforum.org/agenda/2017/07/if-you-want-to-age-well-you-should-focus-on-your-friendships}.

35 Jessica L. Lakin, Valerie E. Jefferis, Clara Cheng und Tanya Chartrand, »The Chameleon Effect as Social Glue: Evidence for the Evolu-

dass synchrone Bewegungen unser soziales Miteinander verbessern. So spiegeln wir oft die Bewegungen unseres Gegenübers im Gespräch, beginnen im Gleichschritt zu laufen, im gleichen Takt zu schaukeln etc. – meistens geschieht dies sogar völlig unbewusst. Im synchronen Miteinander, in der Interaktion und Kooperation mit unseren Mitmenschen synchronisieren sich auch die Aktivitätsmuster unserer Gehirne[36] und unsere autonomen Körperfunktionen, wie Atmung, Herzfrequenz und Hautleitfähigkeit.[37] Eine mögliche Erklärung für dieses Phänomen lautet, dass wir durch ein Imitieren des anderen diesen besser verstehen, dass wir wortwörtlich »mit-fühlen«, indem wir dieselbe Körperhaltung, Mimik und Gestik einnehmen.[38]

tionary Significance of Nonconscious Mimicry«, in: *Journal of Nonverbal Behavior* 27 (2003), S. 145-162; Kerry L. Marsh, Michael J. Richardson und R.C. Schmidt, »Social Connection through Joint Action and Interpersonal Coordination«, in: *Topics in Cognitive Science* 1 (2009), S. 320-339; Reneeta Mogan, Ronald Fischer und Joseph A. Bulbulia, »To Be in Synchrony or not? A Meta-Analysis of Synchrony's Effects on Behavior, Perception, Cognition and Affect«, in: *Journal of Experimental Social Psychology* 72 (2017), S. 13-20.

36 Difei Liu, Shen Liu, Xiaoming Liu et al., »Interactive Brain Activity: Review and Progress on EEG-Based Hyperscanning in Social Interactions«, in: *Frontiers in Psychology* (2018), online verfügbar unter: {https://www.frontiersin.org/articles/10.3389/fpsyg.2018.01862/full}.

37 Yulia Golland, Yossi Arzouan und Nava Levit-Binnun, »The Mere Co-Presence: Synchronization of Autonomic Signals and Emotional Responses Across Co-Present Individuals not Engaged in Direct Interaction«, in: *Plos One* 10/5 (2015), online verfügbar unter: {https://journals.plos.org/plosone/article?id=10.1371/journal.pone.0125804}.

38 Thalia Wheatley, Olivia Kang, Carolyn Parkinson und Christine E. Looser, »From Mind Perception to Mental Connection: Synchrony as a Mechanism for Social Understanding«, in: *Social and Personality Psychology Compass* 6/8 (2012), S. 589-606.

Eine weitere Form von Glück lässt sich in der Naturerfahrung finden: im Anblick des Meeres, beim Spaziergang im Wald oder zwischen sommerlichen Feldern, beim Ausblick auf weite Schneefelder. Dieses Erleben ist weder ein Sich-Spüren noch ein Aufgehen im Zwischenmenschlichen, sondern vielmehr ein Spüren der Welt außerhalb von uns, ein Aufsaugen all der Sinneseindrücke, nicht nur der Anblicke, sondern auch der Laute, der Gerüche, kurz: der Atmosphäre. Glück kann hier in der Schönheit erfahren werden, aber auch in einem Eintauchen, im Einssein mit dieser Atmosphäre. Das Erleben von sich selbst als natürlichem Wesen, von Eingebundensein in die Natur und in deren Kreisläufe – als dies sind Momente von Glücksempfinden. Oder vielmehr: All diese Möglichkeiten, Glück zu empfinden, existieren. Jedoch müssen wir für sie empfänglich sein, damit sich Glück einstellen kann.

Für Glückserfahrungen offen zu sein, das verlangt heute eigens ein Bemühen. Wir müssen bewusst einüben, uns offenzuhalten. Solche Übungen macht man am besten, wenn man »sonst nichts zu tun hat«. So etwa wenn man sinnlos an einer Bushaltestelle herumsteht oder nach Verpassen eines Zuges lang auf den nächsten warten muss. Diese »gestundete Zeit«, um eine Formulierung von Ingeborg Bachmann aufzugreifen, ist eine Chance. Warum nicht das Smartphone zur Seite legen und ein wenig *Sound-scape*-Forschung betreiben?[39] Lauschen, was da zu hören ist, welcher Sound diesen Ort charakterisiert. Ja, die Vögel im Frühjahr zu hören kann eine der tiefsten, nämlich zu Herzen gehenden Glückserfah-

39 Die Erforschung akustischer Umgebungen ist unter dem Titel *Sound scape* zu einer weltweiten Bewegung geworden. Siehe dazu R. Murray Schafer, *Die Ordnung der Klänge. Eine Kulturgeschichte des Hörens*, Mainz: Schott Music 2010.

rungen sein. Das ist zwar noch nicht unbedingt ein Beispiel für Glück ohne Glücksgüter, kommt dieser Erfahrung aber recht nahe. Diese »Naturgabe« des Frühlingsgesanges der Vögel ist jedenfalls keine Ware, ist nicht Geldes wert: ein freies Gut. Hierher gehört auch die schöne Geschichte vom Kaiser und der Nachtigall: ein reicher Kaiser, der alles hat, was man kaufen kann, ist vom Gesang einer Nachtigall entzückt. Die Nachtigall ist in seinem ganzen Reich und bald in der ganzen Welt berühmt. Da erhält der Kaiser eine künstliche Nachtigall, die nicht nur ebenfalls singt, wenn man sie aufzieht, sondern die auch noch mit Gold, Silber und Edelsteinen besetzt ist. Diese zieht er nun der echten Nachtigall vor. Doch irgendwann geht die Aufziehnachtigall kaputt, und es herrscht eine traurige Stille. Der Kaiser wird todkrank. Erst als die echte Nachtigall zurückkehrt und ihm etwas vorsingt, schöpft er wieder Kraft und besiegt den nahenden Tod. Auch das eine Beispiel dafür, dass jemand alles haben kann, und es fehlt ihm gerade das, was ihm kein Gut ist. Warum macht es uns glücklich, die Vögel im Frühjahr zwitschern zu hören oder auch später noch im Sommer den Lerchengesang hoch über dem Feld? Das hat sicherlich – zumindest in unseren Breiten – mit unserer natürlichen Eingebundenheit in den jahreszeitlichen Rhythmus zu tun. Die Vögel zu hören ist ein Mitgehen mit dem Aufgehen der Natur im Frühling: eine korrespondierende Erweckung der Lebensgeister. Das könnte die tiefere Wahrheit der oben zitierten Sprüche sein: Es kommt nicht darauf an, etwas zu haben oder zu konsumieren, sondern vielmehr auf dieses Sich-Öffnen, dieses Aufleben. Dazu bedarf es nicht der Glücksgüter. Wie sagt doch Madita in Astrid Lindgrens Buch *Madita und Pims* so schön, um ihr Glück zu artikulieren? »Ich spüre das Leben in mir.«

Wenn dieses Spüren der Kern des Glücksgefühls ist, dann

müsste es doch möglich sein, Glück auch ganz ohne äußeren Anlass zu entfalten. Kann man nicht in der Meditation durch Spüren in der Herzgegend oder der Bauchgegend dieses fundamentale Glück, lebendig zu sein, auslösen?

3. Das Glück, da zu sein

Neurobiologie der Meditation

Achtsamkeitsübungen wie Meditation werden heute, insbesondere in Form der Methode des Psychologen Jon Kabat-Zinn, als Möglichkeit empfohlen, Alltagsstress zu reduzieren und somit mehr Zufriedenheit im Leben zu schaffen. Kabat-Zinn und andere haben nachgewiesen, was viele, die regelmäßig meditieren, bereits wissen: dass Meditation einen positiven Einfluss auf Wohlbefinden und seelisches Gleichgewicht hat. Und das nicht nur während der Meditation, die Effekte sind bleibend: Studienteilnehmer, die begonnen hatten, die Compassion-Meditation (siehe unten) zu praktizieren, berichteten von einem Anstieg ihrer positiven Emotionen auch im Alltag.

Neurobiologische Untersuchungen zur Meditation sind in unserer Zeit außerordentlich wichtig, weil sie zeigen, dass während der Meditation und infolge von Meditation *tatsächlich* etwas geschieht. Sie sind deshalb wichtig, weil man der naturwissenschaftlichen Forschung zutraut zu sagen, was Tatsache ist, und man den Aussagen der Meditierenden nicht recht Glauben schenken mag – jedenfalls solange man nicht selbst meditiert. Wir widmen einer sicherlich nicht vollständigen Zusammenfassung dieser Forschungsergebnisse daher ein Unterkapitel, doch bleibt festzuhalten, dass es sich hier um eine Art neurobiologischen Behaviorismus handelt: Das heißt, das Geschehen während der Meditation wird von außen, an äußeren Merkmalen, das heißt in diesem Fall auch an neurobiologisch feststellbaren Zuständen des Nervensystems, abgelesen. Grob zusammengefasst lässt sich sagen, dass regelmäßiges Meditieren zu Veränderungen in der Aktivität des präfrontalen Kortex sowie des limbischen Systems führt. Dieser Effekt hält auch nach der Meditation an und steht sogar in Zusammenhang mit strukturellen Veränderungen des Gehirns. Doch ist noch bei Weitem nicht klar, was genau im Gehirn bei der Meditation vor sich geht.

Eine Hypothese zum Effekt von Meditation ist, dass diese in Zusammenhang mit Plastizitätsprozessen im Gehirn steht. Plastizität bedeutet, dass das Gehirn veränderlich ist: durch Neubildung, Stärkung oder Schwächung von Synapsen. Jede neue Erfahrung, die wir machen, führt zu kleinen Veränderungen in der Verschaltung unserer Synapsen und beeinflusst so unsere zukünftigen Verhaltensweisen und Emotionen. Wer regelmäßig meditiert, löst Plastizitätsprozesse im Gehirn aus. Die meditationsbedingten Veränderungen lassen sich sogar als eine Zunahme an grauer Substanz in Bereichen der präfrontalen und limbischen Regionen messen. Da das erwachsene Gehirn keine neuen Nervenzellen bilden kann, ist anzunehmen, dass eine solche Zunahme von Volumen oder Dichte auf Neubildung von Synapsen zurückgeht. Dies erklärt, warum das regelmäßige Praktizieren nicht nur das Empfinden während der Meditation beeinflusst, sondern auch längerfristig das alltägliche Denken und Fühlen. Wer in meditativen Zuständen geübt ist, kann auch im Alltag gezielt neuronale Aktivitätsmuster aufrufen, die während der Meditation eingeübt wurden – und somit beispielsweise Zustände von Fokus, Selbstwahrnehmung, Dankbarkeit, Eingebundenheit bewusst herbeiführen. Daher werden Achtsamkeitsübungen auch Übungen zur »Disziplin der Aufmerksamkeit« oder »bewussten Selbstregulation« genannt. Regelmäßiges Praktizieren von Achtsamkeitsübungen verbessert die Fähigkeit zur emotionalen Selbstregulation, wozu auch das Schmerzempfinden gehört, so dass Achtsamkeitsmeditation bereits als erfolgreiche Therapieunterstützung bei Schmerzpatienten eingesetzt wird.

Sogar das Immunsystem kann durch regelmäßige Meditation gestärkt werden: Nach einer Grippeimpfung wurden bei den Meditierenden größere Mengen an Antikörpern gemessen als bei der Kontrollgruppe, die nicht am Meditationstraining teilgenommen hatte. Mehrere Studien konnten sogar nachweisen, dass Meditation einen verlangsamenden Einfluss auf altersbedingte Veränderungen im Gehirn hat. Dies sind wichtige Hinweise auf die allumfassenden Effekte von Meditation (siehe unten).

Warum aber berichten Menschen, die Meditation praktizieren, von einem Anstieg psychischen Wohlergehens? Möglicherweise verringert Meditieren das pausenlose Grübeln, das ständige Nachdenken über sich selbst, über Vergangenes und über zukünftige Pläne. Diese Theorie wird von neurowissenschaftlichen Studien unterstützt, die herausfanden, dass bei Meditationsgeübten die Aktivität des sogenannten Default-mode-Netzwerks verringert ist. Dieses Netzwerk verschiedener Gehirnregionen wird immer dann aktiv, wenn wir eigentlich »nichts tun«, uns also in einem Ruhezustand befinden, ohne jedoch zu schlafen. Daher stammt also auch der Name »Default Mode«. Die Aktivität des Default-Mode-Netzwerks steht in Zusammenhang mit Grübeleien, Zukunftssorgen und Vergangenheitsbewältigung, die eben immer genau dann einsetzen, wenn man sich in einem wachen Ruhezustand befindet. Eine geringere Aktivität dieses Netzwerkes bei Meditationsgeübten auch im nichtmeditativen Ruhezustand untermauert die weitreichenden Auswirkungen regelmäßiger Achtsamkeitspraktik.

Es ist in diesem Zusammenhang auch interessant und erwähnenswert, dass die Aktivität des Default-Mode-Netzwerks bei zahlreichen psychiatrischen Erkrankungen untersucht wurde. Die Ergebnisse fügen sich genau in die Krankheitsbilder ein: So ist beispielsweise bei depressiven Menschen, die zu viel grübeln, dieses Netzwerk im Ruhezustand aktiver als bei nicht depressiven Teilnehmern. Auch depressive Menschen konnten durch Achtsamkeitsmeditation lernen, ihr Grübelnetzwerk herunterzuregulieren. Regelmäßiges Praktizieren von Achtsamkeitsmeditation bewahrte vor einem Rückfall in die Depression.

Meditation gibt es nicht nur in Form von Achtsamkeitsübungen und der damit in Zusammenhang gebrachten erhöhten Präsenz und einer gewissen Distanziertheit von sich selbst und der Welt. Eine andere Praktik ist die sogenannte Compassion-Meditation, auch Loving-Kindness-Meditation genannt. Bei dieser Meditation führt sich der Praktizierende positive Bilder von und Emotionen gegenüber geliebten und nahestehenden Menschen vor Augen beziehungsweise spürt diesen nach. In einem nächsten Schritt werden die so hervorgerufenen positiven Emotionen auf sich selbst, auf andere Menschen und auf die Umwelt im Allgemeinen ausgeweitet.

Interessanterweise findet die Forschung bei dieser Art der Meditation andere Effekte als bei Achtsamkeitsübungen: Die Stärke der Verbindung zwischen dem präfrontalen Kortex und limbischen Regionen verändert sich. Veränderungen fanden sich im anterioren cingulären Kortex – einer Region, die besonders aktiv wird, wenn man über sich und über Menschen, die einem nahestehen, nachdenkt – und in der Insula, die unterschiedliche Sinneseindrücke zusammenführt. Zudem ist die Insula wichtig für unsere Fähigkeit zur Interozeption. Damit wird die Wahrnehmung der inneren Vorgänge bezeichnet (zum Beispiel spüren, dass man hungrig ist) – im Gegensatz zur Exterozeption, der Wahrnehmung äußerer Reize (zum Beispiel einen Vogel sehen). Hier finden wir einen Zusammenhang mit dem Wohlbefinden: Wer sich selbst besser spürt, kann eigene Bedürfnisse früher wahrnehmen und so beispielsweise noch rechtzeitig die Notbremse ziehen, bevor sich ein Burn-out einstellt. Hinzu kommt, dass eine gute Wahrnehmung des eigenen Leibes bereits ein Glücksgefühl hervorrufen kann – in ebendem oben zitierten Sinne von Madita: »Ich spüre das Leben in mir.«

Auch bei der Compassion-Meditation verringert das Default-Mode-Netzwerk seine Aktivität. Dies deutet wieder auf ein reduziertes Grübeln über die eigenen Probleme hin, insbesondere da in dieser Meditation der Fokus außerhalb der eigenen Person liegt: Man konzentriert sich auf die positiven und liebevollen Gefühle nicht nur in Bezug auf sich selbst, sondern vor allem auch auf andere.

Das Ziel der klassischen Meditation wird häufig im Erreichen von Erleuchtung gesehen, liegt aber eher in der täglichen Übungspraxis selbst und im leeren Bewusstsein. Wie eine klare Bewusstheit neurobiologisch aussieht, ist noch unerforscht. Die Hirnforschung ist bemüht, einer Antwort auf die Frage durch Versuche näherzukommen, in denen Menschen mit viel Meditationserfahrung versuchen sollen, diesen Zustand im MRT-Scanner zu erreichen. In einer Einzelfallstudie mit einem Meditierenden wird berichtet, dass Regionen, die mit Aufmerksamkeit und sprachlichem Denken in Verbindung gebracht werden, während der Meditation ihre Aktivität verringerten. Eine höhere Aktivität fand sich in Regionen, die mit Konzentration und Wohlergehen zu tun haben, sowie im ventralen Striatum, welches wir bereits als Teil des Belohnungssystems kennen. Die Autoren dieser Studie interpretieren diese Beobachtungen als eine Art der Selbststimulation des Belohnungssystems, die allerdings durch jahrelange Übung erlernt werden muss. Die Verringerung des Selbstbezuges scheint leichter erlernbar. Schon nach acht Wochen zeigen sich Veränderungen in Regionen, die mit Selbstreflexion in Verbindung gebracht werden.

Zusammenfassend lässt sich sagen, dass verschiedene Meditationsmethoden einen Effekt gemeinsam haben: eine Verringerung der Aktivität im Default-Mode-Netzwerk, auch im normalen Ruhezustand, nicht nur während der Meditation. Dies kann so interpretiert werden, dass geübte Meditierende sich grundsätzlich in einem meditationsähnlichen, ausgeglichenen Zustand und mehr im Hier und Jetzt befinden. Es bleibt jedoch fraglich, ob es überhaupt möglich ist, die subjektiven Meditationserfahrungen individueller Teilnehmer miteinander zu vergleichen und ob diese sich tatsächlich in vergleichbarer Aktivierung von Gehirnregionen zeigt.

Doch hat Meditation nicht weitere Effekte? Wer Atemtechniken praktiziert, hat das Gefühl, dass es sich hier nicht nur um Veränderungen des Denkens und der reflexiven Selbstwahrnehmung handelt, sondern dass diese Effekte umfassender sind, tiefer gehend, und leibliche Empfindungen mit einschließen. Tatsächlich widmen sich neue Studien auch den Effekten von Meditation auf das parasympathische Nervensystem, den »Ruhe«-Anteil des autonomen Nervensystems.[40] Yoga und Meditation erhöhen die Aktivität des para-

40 Das parasympathische Nervensystem steht dem sympathischen gegenüber. Dies sind die beiden Teile des sogenannten autonomen oder vegetativen Nervensystems, das den Körper in unterschiedliche Zustände bringen kann: den Ruhezustand (ruhige Atmung, entspannte

sympathischen Nervensystems. Atmungs- und Herzfrequenz, die während der Meditation sinken, beeinflussen die Aktivität der Nervenzellen und verändern auf diesem Wege Kognition und Emotionen.

Kontrollierte Atmung kann nachweislich Angst- und Panikgefühle verringern. Hierfür hat die Neurowissenschaft eine Erklärung gefunden: Eine kleine Gruppe von Neuronen im Hirnstamm kontrolliert unseren Atemrhythmus. Manche dieser Neurone sind mit einer Region, dem Locus coeruleus, verbunden, dessen Aktivität unsere Aufmerksamkeit und Wachsamkeit steuert. Über diese Verbindung wird unsere Atemfrequenz erhöht, wenn wir wachsam sein sollten. Doch auch umgekehrt können die Neurone im Atemzentrum mit dem Locus coeruleus kommunizieren. Wenn wir also bewusst langsame, tiefe Atemzüge machen, obwohl wir uns gerade ängstlich oder nervös fühlen, teilt das Atemzentrum dem Locus coeruleus mit: »Alles in Ordnung, die Atmung ist ruhig.« Und nun sendet der Locus coeruleus diese Information an die Amygdala, eine Region, die wichtig ist für Angst- und Emotionsverarbeitung. Diese verringert ihre Aktivität und wir fühlen uns weniger ängstlich.

Phänomenologie der Meditation

Bei neurobiologischen Studien wird die Innensicht des Meditierenden, das heißt das, was er oder sie dabei selbst erfährt, nicht mit einbezogen. Daher gehen wir nun explizit darauf ein. Erstaunlich ist, dass Praktiker aus den Ergebnissen der

Muskulatur, aktive Verdauungstätigkeit) und den Aktivitätszustand (schnelle Atmung, schneller Herzschlag, Bereitschaft zur Aktion; dies entspricht in etwa der *Flight-or-fight*-Reaktion).

Forschung auch etwas für ihr Selbstverständnis lernen können, also Erfahrungen, die sie durchaus kennen, besser einzuschätzen und einzuordnen. Das wird weiter unten noch genauer erläutert. Ferner lernt der Praktiker besser zu verstehen, warum zur Übungspraxis eine Enthaltung von thematischer Bewusstseinstätigkeit – also Gedanken und Bildern – angestrebt wird, und dass das Bewusstsein in der Meditation kein intentionales Bewusstsein ist, vielmehr als Bewusstheit ohne Gegenstand quasi in den Leib hinabsteigt.

Schwierig an den neurobiologischen Untersuchungen von meditativen Zuständen ist das Übersehen gerade der Übungspraxis. Denn was sich den interessierten Wissenschaftlern als ein gegebener nervlicher Zustand darstellt, ist in der Lebenspraxis außerordentlich selten und stellt sich erst nach langer – manchmal jahrelanger – Übung ein. Der Grund dafür liegt darin, dass in unserer Zivilisation von klein auf eine auf Gegenstände und Tatsachen bezogene Bewusstseinseinstellung eingeübt wird. Das führt dazu, dass selbst in der Philosophie (etwa bei Edmund Husserl) Bewusstsein schlicht als »Bewusstsein von etwas« definiert wird und dass man im durchschnittlichen Alltagsverständnis die gegenstandsbezogene Bewusstseinstätigkeit quasi als natürlich und selbstverständlich ansieht. Freilich geht es beim Einschlafen und Tagträumen um solche Zustände, die sich dem Meditativen nähern, also eine Verlagerung der Bewusstseinsaktivität in den »Ruhe«-Zustand, der von den Neurobiologen als *mindwandering* bezeichnet wird und mit erhöhter Aktivität im Default-Mode-Netzwerk assoziiert wird. Allerdings ist dies die Phase, in der die meisten zu grübeln anfangen. Das Ziel der Meditation liegt dagegen im beruhigten, im leeren Bewusstsein – und das ist mit einer geringeren Aktivität des Default-Mode-Netzwerks verbunden.

Das bedeutet, dass die meditative Übungspraxis darauf abzielt, zwar »wach zu bleiben«, doch Gedanken und Bilder vom Bewusstsein abzuhalten. Die durch Arbeit, Verkehr und Informationsaufnahme beziehungsweise Verarbeitung trainierte Bewusstseinseinstellung präsentiert jedoch dem Übenden unentwegt Gedanken und Bilder, das heißt, dass das Bewusstsein geradezu in der Furcht des Ertrinkens beziehungsweise Verschwindens immerfort gegenstandsbezogene Aktivitäten produziert. Es folgt quasi dem kartesischen Diktum »cogito ergo sum« – freilich in umgekehrter Richtung: »Ich muss denken, um zu sein.«[41] Wie Kant gezeigt hat, wird durch ebendiese Tätigkeit die Ich-Identität überhaupt erst hergestellt: Ich denke, also bin *ich*. Deshalb gilt für die Übungspraxis die Aufforderung des Loslassens, das heißt auch, dass mit der Enthaltung von gegenstandsbezogener Bewusstseinstätigkeit das »Ich« losgelassen werden soll.

Der meditative Zustand wird deshalb in unserer Zivilisation als ein Ausstieg aus dem Alltag verstanden. Tatsächlich stammen all diese Übungspraxen, von Yoga über transzendentale Meditation bis zu Zazen und heute schließlich bis zur Achtsamkeitspraxis, aus dem mönchischen Leben. Wir haben also am Ursprung nicht nur mit einem gelegentlichen Ausstieg aus der durchschnittlichen Alltagswelt und einem Überstieg in einen »anderen Zustand« zu tun, sondern mit dem Unternehmen eines »anderen Lebens«, nämlich des mönchischen. Und das bedeutete, dass auch die Grundlage und die Rahmenbedingungen dieses Lebens anders gestaltet werden mussten.

Natürlich muss man sich fragen, ob diese Übertragung

41 Siehe dazu Jean-Paul Sartre, *Der Ekel*, Reinbek bei Hamburg: Rowohlt 2001, 43. Aufl., S. 115: »*Ich existiere,* das halte ich selbst in Gang. Mein Denken, das bin *ich*: deshalb kann ich nicht aufhören.«

mönchischer Übungspraxis in eine westliche Zivilisation, wobei der Gesamtzusammenhang dieser Lebensform nicht angetastet wird, überhaupt möglich ist. Was hat es für einen Zweck, nur gelegentlich meditierend aus dem dominanten Lebenszusammenhang der westlichen Zivilisation auszusteigen? Hierin ist das Leben durchweg gegenstandsbezogen, auf Leistung hin orientiert und technikvermittelt. Sogar die Meditation wird häufig technisch vermittelt, in Onlinekursen oder über Meditations-Apps. Was hat es für einen Sinn, hieraus nur gelegentlich und sei es vielleicht auch durch tägliche Übungen, faktisch aber in der Regel nur für eine halbe Stunde am Tag auszusteigen? Ja, es wird sogar empfohlen – und zwar gerade unter dem Gesichtspunkt einer möglichen Funktion von Meditation für den Leistungsbetrieb –, immer mal wieder eine Meditation von fünf Minuten einzulegen. Von diesem Bild einer gelegentlichen Meditation, das heißt einem gelegentlichen Ausstieg aus der dominanten Lebenswelt, weicht auch nicht die Praxis der sogenannten *sesshin* ab (bei uns geläufig unter dem Namen: Meditations-Retreat). Zwar wird darin ganztägig meditiert, aber der *sesshin* ist doch für das Leben der Teilnehmer nicht wie bei den Mönchen ein anderes Leben, sondern ein gelegentliches Aussteigen für ein Wochenende oder gar eine Woche, nach der sie dann in sein gewöhnliches Leben zurückkehren.

Für diese Frage ist nun in der Tat die neurobiologische Forschung eine Hilfe, insofern sie auch für gelegentliche, möglichst aber täglich wiederholte meditative Übungen Langzeitwirkungen im neurologischen System nachweisen kann. Ferner legt die Veränderung von neuronaler Aktivität im »Default Mode« nahe, dass der andere Zustand, der in der Meditation erfahren wird, keineswegs nur eine Unterbrechung des Bewusstseinsstromes darstellt, sondern quasi als eine Tiefenströmung immer mitläuft.

Wenn wir hier, dieser Sichtweise entsprechend, meditative Zustände als etwas, das zum gewöhnlichen Leben gehört, unterstellen beziehungsweise meditative Übungen als Praxis in den Lebensvollzug einbeziehen, der durch die gegenstands- und leistungsbezogene Einstellung gewöhnlich gerade den »anderen Zustand« überspielt und verdrängt, so müssen wir diese Sicht meditativer Übungen allerdings von einem Zusammenhang mit dem, was man Erleuchtung, *satori* oder gar Erlösung nennt, abkoppeln. Zwar wird – vielleicht aus Marketinggründen – Meditation häufig als »Weg zur Erleuchtung« angepriesen, doch es gibt sehr viele Berichte über Erleuchtungserfahrungen, die nicht in meditativer Praxis auftreten beziehungsweise durch sie erreicht wurden, sondern im Gegenteil häufig überraschend im Alltag aufleuchten. Es mag sein, dass die Geschichte des Buddha, der seine Erleuchtung ja am Ende einer vierzigtägigen Meditation erfahren hat, für diese Verbindung von meditativer Übungspraxis und Erleuchtung verantwortlich ist. Überwiegend herrscht aber die Meinung, dass meditative Praxis nicht auf Erleuchtung abzielt, wenngleich sehr wohl die Bereitschaft für Erleuchtungserfahrungen sich erhöht. Für unseren Zusammenhang jedenfalls soll die mögliche Beziehung zu Erleuchtungserfahrungen ganz ferngehalten werden: Unser Interesse richtet sich auf den meditativen Zustand als solchen.

Sorgestruktur

Die meditative Übung zielt darauf ab, »den Kopf frei« zu bekommen – eine Formulierung, die durch den genannten neurophysiologischen Hintergrund an Attraktivität gewinnt –, das heißt vor allem keine repräsentierenden Inhalte des Bewusstseins zuzulassen – als da sind Gedanken und Bilder. Dies kommt einem »Absteigen« des Bewusstseins in den Leib gleich, aber eben auch einer Verwandlung von »Bewusstsein von etwas« in reine Bewusstheit. Diese Wandlung ist zugleich eine Hilfe in der Übung, »den Kopf freizukriegen«: Wenn nämlich Bewusstsein zu leiblicher Bewusstheit, etwa im Atmen, verwandelt wird, schwinden darüber die bewussten Vorstellungen von »etwas« so, als sei Bewusstsein eine endliche Quantität oder Potenz, von der man, wenn man sie auf das eine richtet oder in dem einen aufgehen lässt, für das andere nichts mehr übrig hat. Also zum Beispiel: Wenn man bewusst im Leibe ist, kann man nichts mehr denken.

Ferner ist ein weiterer Ratschlag dafür, das leere, das heißt gedanken- und bilderlose Bewusstsein zu erreichen, die Augen bis auf einen Schlitz zu schließen. Wenn man nämlich die Augen offen lässt, sieht man etwas, das heißt, man bleibt im intentionalen Bewusstseinszustand. Wenn man sie dagegen ganz schließt, so steigen innere Bilder auf und auch auf diese Weise bekommt das Bewusstsein einen Inhalt. Wenn man dagegen die Augen nur bis auf einen Schlitz schließt, so sieht man durchaus, aber nicht etwas, vielmehr wird man nur durch Helle erfüllt – und diese Helle kann bei intensivem Licht geradezu den ganzen Leib erfüllen.

Wir haben durch Benennung dieser Strategie, »den Kopf freizubekommen«, also zu einem leeren Bewusstsein zu gelangen, diesen Vorgang nur kognitiv beschrieben. Es geht um eine Befreiung des Bewusstseins von Inhalten. Dabei wird der emotionale Aspekt der Bewusstseinstätigkeit übersehen. Doch er ist es gerade, der die ständige Bewusstseinstätigkeit antreibt. Wir haben als ein mögliches tieferliegendes Motiv dafür die Furcht vor Selbstverlust beziehungsweise die ständige Bemühung um Ich-Identität genannt. Besser beschrieben wird die ständige Selbstreproduktion von Bewusstsein durch die Sorgestruktur, die Martin Heidegger als die ontologische Struktur menschlichen Daseins aufgezeigt hat. Seine Formel dafür ist das »Sich-vorweg-immer-schon-Sein-bei...«. Heidegger zeigt, dass diese Existenzweise des Menschen eine Zerrissenheit in die Zeitmodi der Zukunft, Vergangenheit und Gegenwart ist – die bereits beim heiligen Augustinus als »distentio animi«, als Zerrissenheit der Seele benannt wird.[42] Konkret bedeutet das, dass die bewusste, von selbst aufsteigende Tätigkeit ein vorlaufendes Planen und Erwägen des Zukünftigen ist, ein rückgewandtes Reproduzieren, Erinnern und Rechtfertigen des Gewesenen und ein geschäftiges Dabeisein bei dem, was gerade anliegt.

Die Sorgestruktur menschlichen Daseins bedeutet, dass der Mensch gewöhnlich in emotionaler Beteiligung an Geschäften, Plänen und dem Ballast der Vergangenheit hängt. Was zunächst nur wie die Konstitution von Identität die Zeit hindurch aussah, erweist sich als Verfallenheit an die »Last des Daseins«, also als Grundtönung vom Bewusstsein als Besorgnis. Diese Tatsache wird in alltäglicher Selbstbeobachtung des unwillkürlichen Bewusstseinsstroms deshalb auch als »Grübeln« bezeichnet. Grübeln ist die selbsttätige Bewusstseinstätigkeit, die sich dann einstellt, wenn man nicht explizit mit der Lösung bestimmter Aufgaben beschäftigt ist, sondern eigentlich ruhen könnte. Mit diesem sich von selbst einstellenden Grübeln wird die Aktivierung des sogenannten Default-Mode-Netzwerks in Verbindung gebracht, also bestimmter Hirnregionen, die im Ruhezustand gemeinsam aktiv werden.

42 Siehe Augustinus, *Confessiones/Bekenntnisse*, lat.-dt., eingeleitet, übersetzt und erläutert von Joseph Bernhart, München: Winkler 1960, 2. Aufl., S. 654f. und 664f.

Es zeigt sich, dass die meditative Übung darauf abzielt, die beständig grübelnde Verhinderung von tatsächlicher Ruhe zu überwinden. Dies entspricht den neurophysiologischen Beobachtungen zu einer verringerten Aktivität des Default-Mode-Netzwerks während des meditativen Zustandes – und sogar im normalen, nichtmeditativen Ruhezustand bei Menschen, die regelmäßig meditieren.

Der durch Meditation erreichte Bewusstseinszustand ist also Ruhe, und das heißt vor allem frei sein von Sorgen – *sans-souci*. Wir haben das erstaunliche Ergebnis, dass Meditation – zumindest zeitweise – auf die Überwindung einer Struktur menschlichen Daseins abzielt, nämlich der Sorge-Struktur, die – wenn man es einmal altmodisch ausdrücken will – geradezu essenziell für das menschliche Dasein ist – allerdings in seiner Alltäglichkeit.

Durch gelungene Meditation wird der Übende also wenigstens vorübergehend seine Sorgen los, aber noch mehr als das: Er macht nämlich von sich selbst die Erfahrung, dass er nicht nur dieses ihm durch den Alltag bekannte, durch seine emotionale Beteiligung an der Welt und durch seine Sorgen zerrissene Dasein ist, dass vielmehr eine Existenzweise zu ihm gehört, die von diesen Sorgen unabhängig ist. Er erfährt dadurch ein Bewusstsein seiner selbst im Lebensvollzug, also als »pures Dasein«. Dem müssen wir weiter nachgehen.

Glück ohne Glücksgüter

Die Sorgestruktur lässt das Dasein als Last erfahren. Umgekehrt können wir sagen, dass in dem meditativen Zustand der Sorglosigkeit das Dasein »als solches« erfahren wird. Natürlich stellt sich mit der spürbaren Überwindung des Lastcharakters des Daseins zugleich eine Stimmung der Befreiung und der Freude ein. Damit ist aber noch nicht gesagt, dass das bloße Spüren des eigenen Daseins freudig ist. Gleichwohl ist zumindest der erste Moment, in dem die Befreiung von der Last des Daseins erfahren wird, ein erstes Erlebnis vom »Glück, da zu sein«.

Dass das bloße Spüren, »da zu sein«, freudig ist, muss vielleicht einfach als empirische Tatsache hingenommen werden. Oder gibt es Gründe dafür, dass das sorglose Daseinsgefühl freudig ist? Offenbar liegt ja eine Art Selbstbezüglichkeit im »Glück, da zu sein«: Es wird darin nicht nur das Dasein als solches erfahren, sondern es wird begrüßt. Nun gibt es allerdings in der Meditation bestimmte Erfahrungen, aufgrund derer sich das Gefühl, dass da zu sein ein Glück ist, einstellt. Es handelt sich um solche Übungen, in denen das Dasein explizit als Leben erfahren wird. Das geschieht beispielsweise bei Atemübungen: Wenn man in der Meditation bei tiefer Bauchatmung am Ende des Ausatmens eine abwartende Pause einlegt, dann setzt nach einer Weile der Atem von selbst ein. Diese Erfahrung wird jeweils freudig begrüßt. Es ist überhaupt eine Erfahrung, in der menschliches Dasein als Lebensvollzug erfahrbar wird. Wichtig ist aber, dass durch dieses »von selbst«, durch das Wiedereinsetzen des Atems, man – das heißt der oder die Meditierende – sein eigenes Dasein als einen Lebensvollzug erfährt, der ihn trägt, der von seinem Wunsch und Willen unabhängig ist.

Es sollte wohl betont werden, dass diese Erfahrung in der Atemübung eine Erfahrung des ephemeren[43] Charakters menschlichen Daseins ist. Die Endlichkeit des Lebensvollzu-

43 »Ephemer«: aus dem Griechischen, »vorübergehend, dem Tag ausgeliefert«.

ges wird hier nicht etwa »gedacht« durch Wissen um Geburt und Tod, sondern vielmehr in einem einzelnen elementaren Lebensvollzug, nämlich dem Atmen, erfahren, das – an ein Ende gekommen – immer wieder erneut einsetzt. Dies ist eine Erfahrung, die man sich im Bild durch ein Kleinkind, das gerade laufen lernt, veranschaulichen kann. Die ersten Laufversuche eines Kindes vollziehen sich so, dass das Kind sich ein bisschen nach vorn fallen lässt und das wirkliche Fallen immer jeweils im letzten Moment durch einen Schritt wieder auffängt. So fängt der wiedereinsetzende Atem das menschliche Dasein in seinem ephemeren Charakter immer wieder auf.

In den Atemübungen wird also meditativ das menschliche Dasein als Leben, das von Moment zu Moment, von Atemzug zu Atemzug weitergeht, erfahren. Damit ist zugleich die Erfahrung des Gegenwärtigseins, der Präsenz, gegeben. In der Sorgestruktur ist, wie Heidegger mit Recht sagt, der Mensch ekstatisch zerrissen, das heißt, er ist ein Bewusstsein, das nach rückwärts in die Vergangenheit, nach vorwärts in die Zukunft durch Besorgtheit verspannt ist. Freilich gehört zur Sorgestruktur der Existenz die Ekstase des »Seins bei …«, nämlich bei den zu besorgenden Dingen und Geschäften. Auch diese Art des Gegenwärtigseins ist ekstatisch, das heißt ein Bewusstsein, das bei den Dingen und Geschäften ist, nicht aber bei sich. Auch in diesem Sinne wird Gegenwartsbewusstsein erst eigentlich meditativ erreicht, nämlich als sich selbst gegenwärtig sein. Warum auch diese Erfahrung freudig ist und geradezu einen inneren Jubel auslösen kann, ist noch nicht hinreichend erklärt.

Zu dieser Erklärung fehlt auch noch Folgendes: Leiblich ist nämlich das Spüren der eigenen Lebendigkeit, wie es aufgrund der genannten Atemübung erreicht wird, eher im Unterbauch lokalisiert. Das Gefühl der Freude oder des Glücks aber hat seinen Sitz meist in der Herzgegend (allerdings nicht immer: Manche Menschen spüren auch das Glück eher im Bauchbereich[44]). Wie hängt beides zusammen? Wir haben hier die merkwürdige Situation, dass in der meditativen Übung eine Erfahrung gemacht wird, nämlich das Glück, da zu sein, das aber leiblich offenbar aufgrund des Zusammenhangs zweier Regungsherde, nämlich der des Unterbauchs und der Herzgegend, spürbar wird. Vielleicht kann ja hier die Neurophysiologie dem Verständnis weiterhelfen.

Es kommt für das Verständnis noch eine Schwierigkeit hinzu, die aber zugleich ein weiteres, für die Bewertung von meditativen Übungen äußerst wichtiges Phänomen in den Blick bringt. Wir haben gesagt, dass das Glück, da zu sein, offenbar durch Verbindung zweier Regungsherde, nämlich des Spürens der eigenen Lebendigkeit im Unterbauch und des Spürens der Herzgegend, zustande kommt. Es gibt aber nun auch die Erfahrung eines »reinen« Glücks, gewissermaßen eines gegenstandslosen Glückes durch Anregung der Herzgegend allein. Der Meditierende kann durch Hinspüren in die Herzgegend tatsächlich ein Glücksgefühl auslösen. Es könnte allerdings sein, dass diese Erfahrung von Glück von der bisher genannten nicht so verschieden ist, nämlich

44 In zahlreichen Gesprächen haben wir festgestellt, dass sich die leibliche Lokalisation von Glück individuell unterscheidet. Insofern bezieht sich der folgende Absatz speziell auf die Erfahrung eines Glückspürens in der Herzgegend. Wer Glück und Lebendigkeit hingegen im Bauchraum wahrnimmt, für den existiert bereits die gesuchte Einheit. Glückswahrnehmung in der Herzgegend scheint jedoch ein Mehrheitsphänomen zu sein: Mo Costandi, »A Cartography of Consciousness – Researchers Map Where Subjective Feelings Are Located in the Body«, in: *Research Digest* (8. Oktober 2018), online verfügbar unter:{https://digest.bps.org.uk/2018/10/08/a-cartography-of-consciousness-researchers-map-where-subjective-feelings-are-located-in-the-body/}.

dann, wenn dieses reine Glücksgefühl im Herzen eigentlich oder zugleich die Erfahrung der selbständigen Herztätigkeit ist.

Ein weiteres Phänomen sollte hinzugefügt werden, weil es nämlich eine quasiethische Bedeutung hat. Das genannte Glücksgefühl in der Herzgegend kann nämlich durch eine leichte Wendung auch als Mitgefühl erfahren werden. Mitgefühl ist eine Grundtatsache buddhistischer Ethik und wird heutzutage als spezielle Form der Meditation unter dem Namen »Loving Kindness« praktiziert. Mitgefühl hat durchaus eine Verwandtschaft zu dem in der europäischen Kultur bekannten Mitleid, aber es geht nicht nur um ein Mitgehen mit anderen in deren negativer Selbsterfahrung, nämlich dem Leiden. Mitgefühl ist viel allgemeiner als Mitleiden, weil es einen Mitvollzug angesichts der Lebendigkeit des anderen ist. Mitgefühl ist eine Regung, durch die man mit dem Leben des anderen lebendigen Wesens mitgeht und daran teilnimmt. Als dieser mimetische Mitvollzug ist das Mitgefühl wesentlich eine Zustimmung zum Leben des anderen Wesens. Als solches hat das Mitgefühl eine Verwandtschaft zum Glücksgefühl, genauer eben auch zu dem Glück, da zu sein, weil es nämlich die Erfahrung der Teilnahme am Leben des anderen ist. Die ethische Relevanz des Mitgefühls ergibt sich dadurch, dass die Teilnahme am Leben des anderen Wesens auch bedeuten kann, dass man in dieser Erfahrung die Last des Daseins des anderen Wesens mitträgt – also solidarisch ist, beziehungsweise auch an dessen leidvoller Existenz teilhaben kann. In jedem Fall enthält das Mitgefühl immer auch den moralischen Appell, dem anderen Lebewesen mit Rücksicht und Achtung zu begegnen und gegebenenfalls, wenn nötig, ihm im Dasein beizustehen. Letzteres hat Hans Jonas in seinem Buch *Das Prinzip Verantwortung* an der Begegnung des Erwachsenen mit Kleinkindern demonstriert.[45] Der Erwachsene erfährt im Dasein des Kleinkindes zugleich den Appell, für das Kind zu sorgen.

Selbstsorge

Schon das bisher Gesagte empfiehlt meditative Übungen als Stresstherapie oder bereits als Stressprophylaxe. Das Aussteigen aus einer Existenzform, in der man ständig Sorgen ausgeliefert ist, und der Übergang in einen Zustand der Sorglosigkeit schaffen zumindest momentan, das heißt also für die Zeit der Meditation oder vielleicht auch für die ganze Zeitspanne des Retreats, eine Entlastung. Sie schaffen aber zugleich das Bewusstsein, dass das Ausgeliefertsein an den Alltagsstress nicht das ganze Leben ist und dass man dem im Prinzip entkommen kann, so dass man in dieser Perspektive Stresssituationen auch besser bewältigt.

Es kommen aber noch weitere, meist trivialere Effekte von meditativen Übungen hinzu, die sich als gesundheitsfördernd, also als salutogenetisch ausweisen. Diese Behauptung macht man im Allgemeinen daran fest, dass Meditationsübungen, aber ebenso gut Yoga, Autogenes Training oder auch die Praxis der Einfühlung, Entspannungsübungen sind. Das ist zwar nicht ganz richtig oder zumindest einseitig, nämlich von daher gesehen, dass diese Übungen bestimmte Verspannungen, die sich im Stress des Alltagslebens einstellen, auflösen können. Doch alle genannten Übungen sind nicht schlicht Entspannungsübungen, sondern sollten immer auch in Verbindung mit Spannungsübungen gesehen

45 Hans Jonas, *Das Prinzip Verantwortung. Versuch einer Ethik für die technologische Zivilisation*, Berlin: Suhrkamp 2020, Kapitel 7: »Das Kind – Urgegenstand der Verantwortung«.

werden. Das gilt insbesondere für das Zazen, denn die pure und vollständige Entspannung würde eigentlich zur Bewusstlosigkeit führen, während im Zazen ja gerade ein helles Bewusstsein angestrebt wird. Ähnlich im Yoga: Die Entspannung wird mit der Anspannung in verschiedenen Körperpositionen kombiniert. Bewusstsein ist – leiblich gesehen – immer ein Zustand der leiblichen Ökonomie, das heißt, ein Zustand, der durch einen Ausgleich oder auch durch eine Dynamik von Spannung und Entspannung erreicht wird. Ohne einen gewissen Leibtonus kein Bewusstsein.

Es greift zu kurz, wenn man die salutogenetische Wirkung der genannten Leibpraktiken als Entspannung bezeichnet. Es kommen bei gewissen Übungen, insbesondere beim Yoga, auch die Förderung von Beweglichkeit zum Leibbewusstsein und auch ein Haltungsbewusstsein hinzu. Beim Autogenen Training geht es sogar um eine Quasisteuerung physiologischer Zustände, wie etwa des Warmseins von Gliedern. Wir sagen »Quasisteuerung«, weil es nicht eigentlich eine bewusste Regulation, insbesondere keine kausale ist. Man kann die physiologische Wirkung von Autogenem Training teils – im Sinne von Adam Bernd[46] – als die leibliche Wirkung von Bildern verstehen: Gewisse bildliche Vorstellungen »formieren« den Leib. Teils aber kann man oder muss man sogar das Sicheinstellen von physiologischen Zuständen durch die bewusste Zuwendung zu Leibbereichen als eine Art Antwort verstehen. Die bewusstseinsmäßige Zuwendung zu Leibbereichen »erweckt« das Spüren von Leibesinseln.

Schließlich kann man die salutogenetische Wirkung der

46 Adam Bernd, *Eigene Lebens-Beschreibung*, herausgegeben von Volker Hoffmann, München: Winkler 1973.

genannten Leibpraktiken auch darin sehen, dass sie Übergänge zwischen Leibbereichen, also auch Leibesinseln wieder möglich machen oder verflüssigen, die vorher durch Stress oder auch durchaus durch biografische Traumata blockiert waren. Für den übenden Menschen zeigen sich solche Blockaden dadurch, dass er im Versuch, sich leiblich einzufühlen, quasi auf Hindernisse stößt, jedenfalls im Durchgehen seines Leibes nicht zu einer Ganzheit kommt. Man spricht hier auch davon, dass Energieströme oder auch Prana-Ströme, die blockiert waren, im Leib wieder zustande kommen. Auch hier findet sich ein Grund für die Erfahrung der Leichtigkeit des Seins, die wir auch als das Glück, da zu sein, bezeichnet haben.

Wir sind in diesem Kapitel vom Thema Glück ausgegangen – sicher ein zentrales Thema, wenn es um das Unbehagen im Wohlstand geht. Glückserfahrungen werden zumindest eine zeitweise Aufhellung bringen und die habituelle Eintrübung des Befindens relativieren. Die mangelnde Offenheit für Glückserfahrungen in unserer Gegenwartszivilisation ist sicher auch ein Grund für das Unbehagen. Leider ist zu vermuten, dass die Technisierung des Alltags und die ständige Verfügbarkeit von Smartphones diesen Mangel an Offenheit noch verstärken. Denn wie bereits beschrieben, stellt sich das Glück oft plötzlich und unerwartet ein. Ist die Aufmerksamkeit jedoch durch Bildschirm und Kopfhörer gebannt, verpassen wir ebendiese unerwarteten Glücksmomente. Noch wichtiger ist das Thema Zufriedenheit: Unbehagen ist die Grundstimmung von Zeitgenossen, denen es eigentlich gut geht und die gleichwohl immer unzufrieden sind. Wir haben viele Gründe für diese Unzufriedenheit genannt, insbesondere die Steigerungstendenzen, die mit der Leistungsgesellschaft und mit der ästhetischen Ökonomie verbunden sind. Hier kann man ansetzen, durch gezielte Aktivitäten das Empfinden von Zufriedenheit zu steigern. Meditation bietet eine besonders eindrückliche Praktik, mit der jeder sowohl seine Offenheit für Glücksmomente als auch seine Grundzufriedenheit stärken kann.

VI.
Schlusswort

Wir haben konstatiert, dass der Einzelne nicht eine Veränderung des Systems abwarten kann. Darauf aufbauend haben wir verschiedene Lösungsansätze und Ideen entwickelt, wie ein richtiges Leben im falschen möglich sein kann. Unsere Antwort lässt sich zusammenfassen unter den Stichpunkten: Regionalität, reflexive Selbstkultivierung, experimentelle Lebenshaltung.

Zunächst zur Regionalität: Angenommen, dass man das Ganze nicht ändern kann, so wäre es doch möglich, mit wenigen Gleichgesinnten, in einer Wohngemeinschaft, in der Familie und vielleicht sogar in der Gemeinde, anders zusammenzuleben. Die Familie ist trotz des erschreckenden Schrumpfungsprozesses, den diese Lebensform erlitten hat, noch immer das Paradigma einer anderen Lebensform – nämlich wegen der natürlichen Solidarität der Mitglieder untereinander, wegen der in der Wohnung und den Umgangsformen geteilten Privatheit und wegen des nichtökonomischen Charakters ihrer wechselseitigen Beziehungen. Diese Praxis gemeinsamen Besitzes und gemeinsamer Subsistenz lässt sich im Prinzip auf Wohngemeinschaften und kleinere Betriebseinheiten wie die sogenannten Sozialwirtschaften ausdehnen. Auch hat sich regional eine wirtschaftliche Organisation über Tausch oder nicht zinsfähiges Geld einführen lassen.

Reflexive Selbstkultivierung: Strukturen menschlicher Erfahrung und menschlichen Verhaltens, die sich der technischen Zivilisation, der Leistungs- und der Konsumgesellschaft verdanken, werden als *natürlich* empfunden. Weil sie verinnerlicht, weil sie internalisiert worden sind, kennen viele Menschen nichts anderes. In dem Moment, in dem man sich dieser Internalisierung bewusst wird, hat man bereits den ersten Schritt auf dem Weg getan, sich von ihr zu befreien. Freilich: Bewusstseinswandel ist noch nicht gleichbedeutend mit einer Änderung der Lebenspraxis. Doch immerhin: Falls man einmal eingesehen hat, dass unser Weltbezug wesentlich durch die Technik vermittelt ist, dass wir unseren Lebensvollzug in der Regel als Leistung verstehen und dass wir Glück und Zufriedenheit durch Konsum erwarten, kann man es ja versuchsweise auch anders machen. Doch solche Ausbrüche auf Dauer zu stellen, verlangt Übung. Das Wiederaufbauen sinnlich-leiblicher Bezüge zur Welt muss erlernt werden und erweist sich zumindest zunächst als der schwierigere Weg, verglichen mit der technisch vermittelten Kontaktaufnahme.

Etwas zu tun, bei dem nichts herauskommt, ist gemessen an unserer durchschnittlichen Leistungsorientierung zunächst absurd, und der Aufenthalt im Lebensvollzug anstelle einer Orientierung am Resultat muss erst einmal überhaupt wertgeschätzt, dann aber auch mühevoll eingeübt werden.

Und schließlich: Das partielle Aussteigen aus der Konsumgesellschaft wirkt zunächst als Verzicht und Askese, als Einschränkung. Zwar mögen sich momentan Erlebnisse von Glück und Erfüllung einstellen, doch deren Gewichtung und schließlich das bewusste Aufsuchen von Glück ohne Glücksgüter bedarf einer fundamentalen Änderung unserer Einstellung zum Leben überhaupt – und natürlich bedarf es auch hier der Übung.

Und im Übrigen trifft Konsumverzicht auch gar nicht das eigentliche Problem, wie man in der Minimalismus-Bewegung glaubt. Es geht nicht darum, Bedürfnisse schlicht einzuschränken, sondern um eine Haushaltung, um eine Bedürfnisökonomie, durch die Bedürfnisse davon abgehalten werden zu eskalieren, das heißt, sich in Begehrnisse umzuwandeln.

Schließlich die experimentelle Lebenshaltung. »Wir wissen, dass wir Vorläufige sind und nach uns wird kommen: nichts Nennenswertes«, sagt Bertolt Brecht in der Ballade »Vom armen BB«. Irgendwie spürt das jeder, doch verharrt er in Angst und Abwehrhaltung. Man möchte so leben, als würde man ewig leben, und die Form, das Niveau und den Status, den man hat, so weit wie irgend möglich behalten. Alles wird abgesichert. Politisch übertrumpft Sicherheit Freiheit, und die zu zahlenden Versicherungsprämien machen einen großen Teil im privaten Budget aus. Trotzdem ist Sorge die Grundstruktur unseres Daseins, und die Angst vor dem, was kommt, grundiert unser Lebensgefühl.

Unsere Gesellschaft und unsere persönliche Lebenssituation werden sich in naher Zukunft kaum grundlegend ändern. Allerdings: Wir sind Vorübergehende, und nicht erst der Tod verändert den Status quo. Warum also nicht dieses flüchtige, ephemere Leben bewusst als das leben, was es ist, warum nicht sich freudig auf Entwicklungen einlassen und für Veränderungen offen sein? Der große Ausbruch, etwa im Extremsport, bestätigt eher die Lage, wie sie ist, denn dieser Pseudoausbruch ist eben strikt auf Vorhersagbarkeit orientiert. Für eine Veränderung des Alltags kann es sich schon einmal lohnen, die eine oder die andere Versicherung zu kündigen, ein Projekt mit unsicherem Ausgang aufzunehmen und überhaupt sich freudig auf das einzulassen, was kommt: das Leben in anderen Formen, mit anderen Menschen, an anderen Orten.

Wir haben in diesem Buch viel kritisiert. Die skeptische Lebenshaltung kann leicht zu einer Art Lähmung führen. Doch wir können die uns gegebenen Bedingungen von technischer Zivilisation, Leistungs- und Konsumgesellschaft aushalten oder ausgleichen, wenn wir wenigstens im Kleinen und Regionalen und in uns selbst Alternativen realisieren. Deshalb lautet unsere Empfehlung: Führen Sie ein experimentelles Leben.

»Aber die größte Begabung ist doch die, auf der Welt sein zu können und es auszuhalten, mit einem gewissen Frohsinn« – Ilse Aichinger.

Wissenschaftliche Literatur

Kaufsucht und Werbung

***Ratten stimulieren sich selbst*:** James Olds, »Pleasure Centers in the Brain«, in: *Scientific American* 195/4 (1956), S. 105-116.

***Belohnungsverarbeitung bei Mensch und Tier*:** Kent C. Berridge und Morten L. Kringelbach, »Affective Neuroscience of Pleasure: Reward in Humans and Animals«, in: *Psychopharmacology* 199 (2008), S. 457-480.

***Primäre und sekundäre Belohnungen*:** Guillaume Sescousse, Xavier Caldú, Bàrbara Segura und Jean-Claude Dreher, »Processing of Primary and Secondary Rewards: A Quantitative Meta-Analysis and Review of Human Functional Neuroimaging Studies«, in: *Neuroscience & Biobehavioral Reviews* 37/4 (2013), S. 681-696.

***Die Umgebung beeinflusst Drogenabhängigkeit und Psyche*:** Claudia Chauvet, Virginie Lardeux, Steven R. Goldberg, Mohamed Jaber und Marcello Solinas, »Environmental Enrichment Reduces Cocaine Seeking and Reinstatement Induced by Cues and Stress but not by Cocaine«, in: *Neuropsychopharmacology* 34/13 (2009), S. 2767-2778.

Giovanni Laviola, Anthony J. Hannan, Simone Macrì, Marcello Solinas und Mohamed Jaber, »Effects of Enriched Environment on Animal Models of Neurodegenerative Diseases and Psychiatric Disorders«, in: *Neurobiology of Disease* 31/2 (2008), S. 159-168.

***Hintergrundmusik beeinflusst Weinkauf*:** Adrian C. North, »The Effect of Background Music on the Taste of Wine«, in: *British Journal of Psychology* 103/3 (2012), S. 293-301.

***Modemagazine und Zufriedenheit mit dem eigenen Körper*:** Sherry L. Turner, Heather Hamilton, Meija Jacobs, Laurie M. Angood und Deanne H. Dwyer, »The Influence of Fashion Magazines on the Body Image Satisfaction of College Women: An Exploratory Analysis«, in: *Adolescence* 32/127 (1997), S. 603-614.

***Die Qual der Wahl*:** Barry Schwartz, *Anleitung zur Unzufriedenheit. Warum weniger glücklicher macht*, Düsseldorf: Econ 2004.

***Ist Willenskraft uneingeschränkt vorhanden?*:** Mark Muraven und Roy Baumeister, »Self-Regulation and Depletion of Limited Resources: Does Self-Control Resemble a Muscle?«, in: *Psychological Bulletin* 126/2 (2000), S. 247-259.

Michael Inzlicht, Brandon J. Schmeichel und C. Neil Macrae, »Why

Self-Control Seems (but May not Be) Limited«, in: *Trends in Cognitive Science* 18/3 (2014), S. 127-133.
Veronika Job, Katharina Bernecker, Stefanie Miketta und Malte Friese, »Implicit Theories about Willpower Predict the Activation of a Rest Goal Following Self-Control Exertion«, in: *Journal of Personality and Social Psychology* 109/4 (2015), S. 694-706.

***Übergewicht beeinflusst das Gewicht der befreundeten Personen*:** Nicholas A. Christakis und James H. Fowler, »The Spread of Obesity in a Large Social Network over 32 Years«, in: *The New England Journal of Medicine* 357/4 (2007), S. 370-379.

***Geschlechterstereotype haben oft keinerlei neurobiologische Grundlage*:** Cordelia Fine, *Die Geschlechterlüge. Die Macht der Vorurteile über Mann und Frau*, Stuttgart: Klett-Cotta 2012.

***Geschlechterstereotype in der Kindheit*:** Almut Schnerring und Sascha Verlan, *Die Rosa-Hellblau-Falle. Für eine Kindheit ohne Rollenklischees*, München: Antje Kunstmann 2014.

***Unterschiede in schulischer Leistung von Jungen und Mädchen hängt mit Rollenbildern zusammen*:** OECD, *Equally Prepared for Life? How 15-Year-Old Boys and Girls Perform in School*, OECD Publishing 2009, online verfügbar unter: {https://www.oecd.org/pisa/pisaproducts/42843625.pdf}.

Liebe und Individualismus

***Beziehungszufriedenheit hängt weniger von individuellen Eigenschaften und mehr von Beziehungsvariablen ab*:** Samantha Joel, Paul W. Eastwick, Colleen J. Allison et al., »Machine Learning Uncovers the most Robust Self-Report Predictors of Relationship Quality across 43 Longitudinal Couples Studies«, in: *Proceedings of the National Academy of Sciences* 117/32 (2020), S. 19061-19071.

***Anziehung und Liebe nutzen ähnliche neuronale Netze*:** Stephanie Cacioppo, Francesco Bianchi-Demicheli, Chris Frum, James G. Pfaus und James W. Lewis, »The Common Neural Bases between Sexual Desire and Love: A Multilevel Kernel Density fMRI Analysis«, in: *The Journal of Sexual Medicine* 9/4, S. 1048-1054.

***Was geschieht im Gehirn, wenn man seinen langjährigen Partner sieht?*:** K. Daniel O'Leary, Bianca P. Acevedo, Arthur Aron, Leonie Huddy und Debra Mashek, »Is Long-Term Love More Than A Rare Phenomenon? If So, What Are Its Correlates?«, in: *Social Psychological and Personality Science* 3/2 (2012), S. 241-249.

***Soziale Beziehungen bleiben ein Leben lang wichtig*:** Emilie Courtin und Martin Knapp, »Social Isolation, Loneliness and Health in

Old Age: A Scoping Review«, in: *Health & Social Care in the Community* 25/3 (2017), S. 799-812.
Jingyi Wang, Brynmor Lloyd-Evans, Domenico Giacco, Rebecca Forsyth, Cynthia Nebo, Farhana Mann und Sonia Johnson, »Social Isolation in Mental Health: A Conceptual and Methodological Review«, in: *Social Psychiatry and Psychiatric Epidemiology* 52/12 (2017), S. 1451-1461.
John T. Cacioppo und Stephanie Cacioppo, »Social Relationships and Health: The Toxic Effects of Perceived Social Isolation«, in: *Social and Personality Psychology Compass* 8/2 (2014), S. 58-72.

Sicherheit und Risiko

***Risiko- und Gewinnabschätzung*:** Daniel Kahneman, *Schnelles Denken, langsames Denken*, München: Siedler 2012.

Sensation Seeking: Marcus Roth und Philipp Hammelstein (Hg.), *Sensation Seeking – Konzeption, Diagnostik und Anwendung*, Göttingen: Hogrefe-Verlag 2003.
Marvin Zuckerman, »Dimensions of Sensation Seeking«, in: *Journal of Consulting and Clinical Psychology* 36 (1971), S. 45-52.
Marvin Zuckerman, *Behavioral Expressions and Biosocial Bases of Sensation Seeking*, New York: Cambridge Press 1994.

Gesundheit

***Zu viel Sitzen hängt mit Depression zusammen*:** Long Zhai, Yi Zhang und Dongfeng Zhang, »Sedentary Behaviour and the Risk of Depression: A Meta-Analysis«, in: *British Journal of Sports Medicine* 49/11 (2015), S. 705-709.
Romano Endrighi, Andrew Steptoe und Mark Hamer, »The Effect of Experimentally Induced Sedentariness on Mood and Psychobiological Responses to Mental Stress«, in: *The British Journal of Psychiatry* 208/3 (2016), S. 245-251.
Felipe Schuch, Davy Vancampfort, Joseph Firth et al., »Physical Activity and Sedentary Behavior in People with Major Depressive Disorder: A Systematic Review and Meta-Analysis«, in: *Journal of Affective Disorders* 210 (2017), S. 139-150.

***Bewegung kann Depression vorbeugen*:** George Mammen und Guy Faulkner, »Physical Activity and the Prevention of Depression: A Systematic Review of Prospective Studies«, in: *American Journal of Preventive Medicine* 45/5 (2013), S. 649-657.
Anna C. Phillips, Kate Hunt, Geoff Der und Douglas Carroll, »Blunted Cardiac Reactions to Acute Psychological Stress Predict

Symptoms of Depression Five Years Later: Evidence from a Large Community Study«, in: *Psychophysiology* 48/1 (2011), S. 142-148.

Gary Cooney, Kerry Dwan und Gillian Mead, »Exercise for Depression«, in: *Journal of the American Medical Association* 311/23 (2014), S. 2432-2433.

***Bewegung verlängert die Lebenserwartung*:** Chi P. Wen, Jackson P. M. Wai, Min K. Tsai et al., »Minimum Amount of Physical Activity for Reduced Mortality and Extended Life Expectancy: A Prospective Cohort Study«, in: *The Lancet* 378/9798 (2011), S. 1244-1253.

***Gewichtetraining hat positive Effekte auf das Wohlergehen*:** Patrick J. O'Connor, Matthew P. Herring und Amanda Caravalho, »Mental Health Benefits of Strength Training in Adults«, in: *American Journal of Lifestyle Medicine* 4/5 (2010), S. 377-396.

***Darmbakterien, ketogene Diät und Epilepsie*:** Christine A. Olson, Helen E. Vuong, Jessica M. Yano et al., »The Gut Microbiota Mediates the Anti-Seizure Effects of the Ketogenic Diet«, in: Cell 173/7 (2018), S. 1728-1741.

***Darmbakterien und Übergewicht*:** Fredrik Bäckhed, Jill K. Manchester, Clay F. Semenkovich und Jeffrey I. Gordon, »Mechanisms Underlying the Resistance to Diet-Induced Obesity in Germ-Free Mice«, in: *Proceedings of the National Academy of Sciences* 104/3 (2007), S. 979-984.

Vanessa K. Ridaura, Jeremiah J. Faith, Federico E. Rey et al., »Gut Microbiota from Twins Discordant for Obesity Modulate Metabolism in Mice«, in: *Science* 341/6150 (2013).

***Darmbakterien und Stress*:** Ioana A. Marin, Jennifer E. Goertz, Tiantian Ren et al, (2017), »Microbiota Alteration Is Associated with the Development of Stress-Induced Despair Behavior«, in: *Scientific Reports* 7 (2017).

***Schlaf reinigt das Gehirn*:** Lulu Xie, Hongyi Kang, Qiwu Xu et al., »Sleep Drives Metabolite Clearance from the Adult Brain«, in: *Science* 342/6156 (2013), S. 373 377.

Stressbewältigung

***Stress und Kindheit*:** Lois B. Murphy und Alice Moriarty, *Vulnerability, Coping and Growth from Infancy to Adolescence*, New Haven: Yale University Press 1976.

***Resilienz*:** Tamara B. Franklin, Bechara J. Saab und Isabelle M. Mansuy, »Neural Mechanisms of Stress, Resilience and Vulnerability«, in: *Neuron* 75/5 (2012), S. 747-761.

Glück

Positive Aktivitäten und Wohlergehen: Sonja Lyubomirsky und Kristin Layous, »How Do Simple Positive Activities Increase Well-Being?«, in: *Current Directions in Psychological Science* 22/1 (2013), S. 57-62.

Wohlergehen: Michael Eid und Randy J. Larsen (Hg.), *The Science of Subjective Well-Being*, New York: Guilford Press 2008.

Happiness set point: Roxane L. Silver, »Coping with an Undesirable Life Event: A Study of Early Reactions to Physical Disability«, in: *Dissertation Abstracts International* 43/10-B (1983).

Andrew J. Oswald und Nattavudh Powdthavee, »Does Happiness Adapt? A Longitudinal Study of Disability with Implications for Economists and Judges«, in: *Journal of Public Economics* 92/5-6 (2008), S. 1061-1077.

Dankbarkeit und Wohlergehen: Robert A. Emmons und Michael E. McCullough, »Counting Blessings Versus Burdens: An Experimental Investigation of Gratitude and Subjective Well-Being in Daily Life«, in: *Journal of Personality and Social Psychology* 84/2 (2003), S. 377.

Sharon Southwell, *Gratitude: A Basis for Positive Psychology Interventions with a Clinical Population*, 2012, online verfügbar unter: {http://dro.deakin.edu.au/eserv/DU:30064974/southwell-gratitudeabasis-2012A.pdf}.

Meditation und Default Mode Network: Aviva Berkovich-Ohana, Joseph Glicksohn und Abraham Goldstein, »Mindfulness-Induced Changes in Gamma Band Activity – Implications for the Default Mode Network, Self-Reference and Attention«, in: *Clinical Neurophysiology* 123 (2012), S. 700-710.

Judson A. Brewer, Patrick D. Worhunsky, Jeremy R. Gray et al., »Meditation Experience Is Associated with Differences in Default Mode Network Activity and Connectivity«, in: *Proceedings of the National Academy of Sciences* 108 (2011), S. 20254-20259.

Meditation stärkt das Immunsystem: Richard J. Davidson, Jon Kabat-Zinn, Jessica Schumacher et al., »Alterations in Brain and Immune Function Produced by Mindfulness Meditation«, in: *Psychosomatic Medicine* 65 (2003), S. 564-570.

Meditationseffekt hält auch im Alltag an: Gaëlle Desbordes, Lobsang T. Negi, Thaddeus W.W. Pace et al., »Effects of Mindful-Attention and Compassion Meditation Training on Amygdala Response to Emotional Stimuli in an Ordinary, Non-Meditative State«, in: *Frontiers in Human Neuroscience* 6 (2012), online verfügbar unter:

{https://www.frontiersin.org/articles/10.3389/fnhum.2012.00292/full}.

Wohlergehen durch Loving-Kindness-Meditation: Barbara L. Fredrickson, Michael A. Cohn, Kimberly A. Coffey et al., »Open Hearts Build Lives: Positive Emotions, Induced through Loving-Kindness Meditation, Build Consequential Personal Resources«, in: *Journal of Personality and Social Psychology* 95 (2008), S. 1045-1062.

Default Mode Network und Depression: Michael D. Greicius, Benjamin H. Flores, Vinod Menon et al., »Resting-State Functional Connectivity in Major Depression: Abnormally Increased Contributions from Subgenual Cingulate Cortex and Thalamus«, in: *Biological Psychiatry* 62 (2007), S. 429-437.

Yvette I. Sheline, Deanna M. Barch, Joseph L. Price et al., »The Default Mode Network and Self-Referential Processes in Depression«, in: *Proceedings of the National Academy of Sciences* 106 (2009), S. 1942-1947.

Plastische Veränderungen im Gehirn infolge von Meditation: Britta K. Hölzel, James Carmody, Mark Vangel et al., »Mindfulness Practice Leads to Increases in Regional Brain Gray Matter Density«, in: *Psychiatry Research: Neuroimaging* 191 (2011), S. 36-43.

Victoria L. Ives-Deliperi, Mark Solms und Ernesta M Meintjes, (2011), »The Neural Substrates of Mindfulness: An fMRI Investigation«, in: *Social Neuroscience* 6/3 (2011), S. 231-242.

Mindfulness für Patienten: Jon Kabat-Zinn, »An Outpatient Program in Behavioral Medicine for Chronic Pain Patients Based on the Practice of Mindfulness Meditation: Theoretical Considerations and Preliminary Results«, in: *General Hospital Psychiatry* 4/1 (1982), S. 33-47.

Jon Kabat-Zinn, Leslie Lipworth und Robert Burney, »The Clinical Use of Mindfulness Meditation for the Self-Regulation of Chronic Pain«, in: *Journal of Behavioral Medicine* 8 (1985), S. 163-190.

John D. Teasdale, Zindel V. Segal, J. Mark G. Williams et al., »Prevention of Relapse/Recurrence in Major Depression by Mindfulness-Based Cognitive Therapy«, in: *Journal of Consulting and Clinical Psychology* 68 (2000), S. 615-623.

Yoga und Stress: AV Vinay, Devireddy Venkatesh und V. Ambarish, »Impact of Short-Term Practice of Yoga on Heart Rate Variability«, in: *International Journal of Yoga* 9/1 (2016), S. 62-66.

Kontrollierte Atmung kann Angst reduzieren: Kevin Yackle, Lindsay A. Schwarz, Kaiwen Kam et al., »Breathing Control Center Neurons that Promote Arousal in Mice«, in: *Science* 355/6332 (2017), S. 1411-1415.

Antonio E. Nardi, Rafael C. Freire und Walter A. Zin, »Panic Disorder and Control of Breathing«, in: *Respiratory Physiology & Neurobiology* 167/1 (2009), S. 133-143.
Richard P. Brown und Patricia L. Gerbarg, »Yoga Breathing, Meditation, and Longevity«, in: *Annals of the New York Academy of Sciences* 1172/1 (2009), S. 54-62.